Aprender tantico inglés
no está de más

# Aprender tantico inglés no está de más

Raul Quinionis
Catherine Brown

www.librosenred.com

Dirección General: Marcelo Perazolo
Diseño de cubierta: Daniela Ferrán
Diagramación de interiores: Vanesa L. Rivera

Está prohibida la reproducción total o parcial de este libro, su tratamiento informático, la transmisión de cualquier forma o de cualquier medio, ya sea electrónico, mecánico, por fotocopia, registro u otros métodos, sin el permiso previo escrito de los titulares del Copyright.

Primera edición en español - Impresión bajo demanda

© LibrosEnRed, 2014
Una marca registrada de Amertown International S.A.

ISBN: 978-1-62915-101-4

Para encargar más copias de este libro o conocer otros libros de esta colección visite www.librosenred.com

## Introducción / Introduction

Aclaramos a nuestros lectores que desde el punto de vista estrictamente lingüístico, al idioma cervantino lo podemos llamar castellano o español sin menoscabo del papel relevante que desempeña en el ámbito internacional.

El idioma inglés y el español tienen diferencias y similitudes obvias. Por ejemplo, el español tiene cinco vocales que equivalen a cinco sonidos, mientras el inglés tiene al menos unos catorce sonidos vocálicos; no obstante, ambas lenguas comparten el alfabeto romano, y muchas raíces griegas y latinas.

Aunque el chino es una lengua hablada por más de mil millones de personas, el inglés es la lengua predominante en el comercio, la industria, las finanzas, las ciencias, la tecnología, etc. El idioma de los anglosajones actualmente es la *lingua franca* que ocupa el lugar de preeminencia que en su momento histórico ocuparon el sánscrito, el griego y el latín. Una prueba fehaciente de ello es el hecho de haberse constituido, junto con la cibernética, en un requisito del alfabetismo funcional. El chino mandarín, el español y el inglés encabezan la lista de las lenguas más habladas en el orbe.

El idioma de Shakespeare no es precisamente algo que se aprenda tan fácil y tan rápido como un verso o una estrofa, puesto que la fonética y la semántica tienen sus complejidades; entiéndase que todo idioma tiene sus discordancias, que no existe ningún idioma perfecto. A diferencia del castellano, todas y cada una de las vocales tienen dos o más sonidos en el idioma inglés, y las consonantes Y y W algunas veces suenan como vocal; además, posee muchas palabras que contienen letras mudas. El castellano también tiene sus imperfecciones, si así se pueden llamar; los dígrafos CH, LL, RR, QU, GU representan un solo sonido, y en ocasiones la H (hondo, alhaja, ahorro) y la U (quechua, guerra, monaguillo) son letras mudas que forman parte de muchos vocablos.

En la lengua inglesa no se omiten los pronombres como sucede en el idioma español. Por ejemplo: toman mucho café (they drink too much coffee); es una borracha (she is a drunk woman); tengo prisa (I am in a rush).

El inglés posee el arte o la magia de desempeñarse sin necesidad de las estorbosas tildes o marcas que el acento castellano, el italiano y el francés, entre otros, imponen a las vocales. El inglés es un idioma práctico y dinámico, el cual cada vez acoge nuevas palabras en su ya voluminoso diccionario.

Algunas veces el idioma de Inglaterra se traduce al español gramaticalmente, v. gr.: the tiger (el tigre), the cats eat rats (los gatos comen ratones). No obstante, cuando se trata de modismos por lo general no se pueden traducir gramaticalmente, v. gr.: *usted me está tomando del pelo* (you are pulling my leg). Asimismo, los títulos de las obras de arte y literatura no siempre son traducidos gramaticalmente, p. ej., la novela *Un mundo feliz* (*Brave New World*), la película *La novicia rebelde* (*The Sound of Music*), y la canción *Me divierto contigo* (*I Get a Kick Out of You*).

Los signos de puntuación son los mismos en castellano y en inglés, aunque cada una de estas lenguas los utilizan de diferente manera. P. ej., los anglohablantes usan los signos de admiración e interrogación solamente al final de la expresión o al final de la frase, así: What a girl! (¡Qué chica!) / Who are you? (¿Quién eres tú?).

El artículo definido o determinado **THE** (el, la, los, las) es el mismo para el femenino, para el plural, para el masculino y para el singular: the frog (la rana), the bells (las campanas), the gentleman (el caballero), the squirrel (la ardilla), the sea (el mar), the wolves (los lobos), the girls (las chicas), the boys (los chicos).

Obsérvese que al artículo definido o determinado lo reemplaza **ON** cuando se trata de los días de la semana, por lo tanto se dice y se escribe: on Monday (el lunes), on Sunday (el domingo), on Wednesday (el miércoles), etc.

Los artículos indefinidos o indeterminados **A, AN** (un, una), llamados también determinantes indefinidos por algunos autores, al igual que en español se rigen por reglas gramaticales tales como la sinalefa o unión fonética:

Cuando la palabra que sigue al artículo comienza en consonante usamos **A**: **a** pencil (un lápiz).

Cuando la palabra que sigue al artículo comienza en vocal usamos **AN**.

No obstante hay excepciones a la regla, p. ej.:

A university (una universidad), an hour (una hora)

A holiday (un festivo), a whistle (un pito)

A worm (un gusano), a wild animal (un animal salvaje)

Cuando los artículos indefinidos preceden sustantivos o palabras en plural, o nombres que no sean contables tales como milk, water, wine, etc., se emplea el término **SOME**, el cual hace de artículo indefinido cuando se trata del plural, v. gr.: some rings (unos anillos), some avocados (unos aguacates), some soldiers (unos soldados), some girls (unas chicas).

Los PRONOMBRES de la lengua inglesa tienen correlación, lo cual facilita su comprensión, de tal manera que los pronombres posesivos se derivan de los pronombres personales.

ME / MY / MINE
YOU / YOUR / YOURS
HER / HER / HERS
HIM / HIS / HIS
IT / ITS / ITS

US / OUR / OURS
YOU / YOUR / YOURS
THEM / THEIR / THEIRS
You must give MY cap to ME because it is MINE / Tienes que darme mi gorra porque es mía
Give it to me / Dámelo
This is my pen / Este es mi bolígrafo
That pencil is mine / Ese lápiz es mío
Call them / Llámalos
This is their house / Esta es su casa
This house is theirs / Esta casa es suya

Los VERBOS ingleses también ofrecen una gran ventaja si aprendemos bien sus tiempos y modos. Algunos son invariables, es decir que su escritura es igual en infinitivo, en pasado y en participio pasado, p. ej.: to slit (desgarrar, rajar), to split (hender, partir, agrietarse), to upset (volcar, trastornar), to let (dejar), to put (poner), to cut (cortar).

En la lengua de Castilla hay que aprender muchas palabras para conjugar los verbos "ser" y "estar". El verbo TO BE, que significa SER y/o ESTAR, podría ser un poco difícil, pero aprendiendo sus inflexiones (be, am, are, is, was, were, being, been) lo dominaremos.

Hay unos verbos básicos que nos ayudan en la construcción de otros o en la formación del pasado de otros verbos, como to get, to make, to have, p.ej.: he got crazy (se volvió loco, se enloqueció), I had a dream (yo tuve un sueño, yo soñé).

Al conjugar los verbos ingleses en la tercera persona singular en presente del modo indicativo siempre se agrega una -**S** al final, v. gr.: she lies (ella miente), he cries (él llora), it smells (eso huele).

Algunos verbos ingleses tienen el mismo significado aunque con diferencias en su esencia. DO y MAKE significan

"hacer algo". DO se refiere a algo inmaterial, mientras que MAKE suele referirse a algo tangible:
To make a bed / Tender la cama
To make a cake / Hacer una torta
To do a favor / Hacer un favor
To do the dishes / Lavar los platos

Sin embargo hay excepciones que se aprenden fácilmente en la práctica:
To do the ironing / Planchar
To do the shopping / Hacer las compras
To do the cleaning / Hacer la limpieza
To make plans / Hacer planes
To make a decision / Tomar una decisión
To make fun of him / Burlarse de él

La estructura de los verbos en castellano y en inglés es igual; se conjugan en las mismas formas, y en los mismos modos y tiempos. Para estudiar inglés como segunda lengua es fundamental tener conocimientos gramaticales de la lengua nativa (en este caso el español) pues facilita el aprendizaje. En este sentido, es importante recordar que los verbos se conjugan en número singular o plural, y en tres personas, a saber:

SINGULAR:
1ª persona del singular: I (yo)
2ª persona del singular: YOU (usted, tú, vos)
3ª persona del singular: SHE, HE, IT (ella, él, lo)

PLURAL:
1ª persona del plural: WE (nosotros, nosotras)
2ª persona del plural: YOU (ustedes, vosotros, vosotras, vos)
3ª persona del plural: THEY (ellos, ellas)

**THERE IS, THERE ARE** / HABER. Se conjuga en todos los tiempos, afirmando, negando, interrogando, pero exclusivamente en tercera persona para hacerlo totalmente impersonal. THERE IS significa HAY, en singular, y THERE ARE significa HAY, en plural.

Es imprescindible el manejo correcto del verbo TO BE para identificar el tiempo y el número, p. ej.: THERE WAS (hubo, había), ahí vemos que WAS es 3ª persona del singular, tiempo pasado, modo indicativo del verbo TO BE, es decir que la acción del verbo recayó sobre una persona o una cosa, v. gr.:

There are five girls in my class / Hay cinco chicas en mi clase
There is no problem / No hay problema
Is there no bread? / ¿No hay pan?
There wasn't any blanket on my bed / No había ninguna manta en mi cama
The office was empty / La oficina estaba desocupada
Were there no ladies? / ¿No había damas?
Will there not be any water? / ¿No habrá agua?

TUTEAR. En el mundo anglosajón THOU (tú - vos - vosotras - vosotros) es un vocablo arcaico que cayó en desuso a partir del siglo XVII; solamente se usa en poesía y otros estilos literarios específicos. En la lengua castellana, por el contrario, tutear es muy común en América Latina, España y Estados Unidos. Pero en inglés el pronombre personal **YOU** sintetiza: *tú, usted, ustedes, ti, vos, vosotros, vosotras, te*. **YOU** precedido de la preposición **WITH** significa *con usted, contigo*.

A **usted** no le gusta la leche / YOU do not like milk
**Ustedes** tienen que pagar la renta / YOU must pay the rent
**Vosotras** tenéis razón / YOU are right
**Vosotros** no podéis entrar / YOU cannot get in
Esto es para **ti** / This is for YOU
**Vos** sos muy joven / YOU are too young
**Tú** eres la única sobreviviente / YOU are the only survivor

**Te** conté lo que ellos dijeron / I told YOU what they said
Quiero bailar **contigo** / I want to dance WITH YOU
No quiero hablar con **usted** / I don't want to talk WITH YOU

Cuando es preciso aclarar que un acto es realizado, llevado a cabo o ejecutado por sí mismo, o una cosa realizada por sí misma, se agrega el sufijo **-SELF** al pronombre. Este sufijo es para el singular. Cuando se trata del plural (por sí mismos, por sí mismas), el sufijo correspondiente es **-SELVES**.

El ADJETIVO en inglés se escribe y se lee antes del sustantivo. Los adjetivos ingleses se deletrean de la misma manera para el masculino, el femenino, el plural y el singular; no tienen plural, son invariables: black bag (bolsa negra), yellow shoes (zapatos amarillos), long day (día largo), green blouse (blusa verde), pink panties (bragas rosadas), beautiful photo (foto bonita), old cow (vaca vieja), good man (buen hombre), lazy boys (chicos perezosos), cute pussy-cat (gatito lindo).

Los COMPARATIVOS se presentan cuando se comparan los atributos o los defectos de personas, animales o cosas. Para ello se emplea usualmente el sufijo **-ER**, p. ej.: crazier / más loco, easier / más fácil, bigger / más grande, etc.

**LESS** y **MORE** también se emplean en las comparaciones:
They are more intelligent than you / Ellos son más inteligentes que usted
Men make more money than women / Los hombres hacen más dinero que las mujeres

Los SUPERLATIVOS se forman con el sufijo **-EST** generalmente, v. gr.:
She is the best student / Ella es la mejor estudiante.
The Andes is the longest mountain chain / Los Andes es la cordillera más larga

Además se utiliza **THE MOST** seguido del adjetivo:
The most disorganized / El más desorganizado
The most beautiful girl / La chica más hermosa.

En inglés, a diferencia del español, la letra inicial de los días de la semana y de los meses se escribe siempre con mayúscula:
Monday, Tuesday, Wednesday, Thursday, Friday, Saturday, Sunday
January, February, March, April, May, June, July, August, September, October, November, December

**IT** es un pronombre personal neutro. Es una partícula muy importante del inglés. No significa nada en particular y por lo tanto puede representar cualquier cosa o animal; se utiliza igualmente en los verbos impersonales, p. ej.: it rained yesterday (ayer llovió).

Las PREPOSICIONES del inglés tienen las mismas funciones que las del español; en el transcurso del aprendizaje el estudiante se va familiarizando con cada una de ellas hasta entenderlas.

**AMONG** y **BETWEEN** equivalen a la preposición castellana ENTRE.

AMONG se usa cunado se hace referencia a más de dos personas o cosas:
The stamps are among those books / las estampillas están entre esos libros.

BETWEEN se emplea solamente al referirse a dos personas o cosas:
I woke up between six and seven / Me desperté entre las seis y las siete.

**BUT** para algunos lingüistas es preposición porque se desempeña como tal algunas veces. Generalmente BUT significa PERO; no obstante algunas veces quiere decir SINO, MENOS, v. gr.:
I saw you BUT you didn't see me / Te vi pero tú no me viste

She was there BUT you weren't / Ella estaba allí pero tú no estabas
Not beer BUT wine / No vino sino cerveza
I'm not rich BUT poor / No soy rico sino pobre
Everyone BUT you / Todos menos tú
She is anything BUT crazy / Ella es cualquier cosa menos loca

Las CONTRACCIONES inglesas son muy frecuentes; a continuación veremos las más usadas en las interrelaciones humanas para que el estudiante se familiarice con ellas:

**Aren't** / Are not
**I'm** / I am
**You're** / You are
**We're** / We are
**Weren't** / Were not
**Wasn't** / Was not
**He's** / He is, he has
**She's** / She is, she has
**It's** / It is, it has
**I've** / I have
**Haven't** / Have not
**Hasn't** / Has not
**Hadn't** / Had not
**Don't** / Do not
**Doesn't** / Does not
**Didn't** / Did not
**Can't** / Can not
**Couldn't** / Could not
**I'll** / I will
**Won't** / Will not
**I'd** / I would, I had
**Shouldn't** / Should not
**Wouldn't** / Would not
**Mustn't** / Must not
**Oughtn't to** / Ought not to

**THAT - WHAT - THAN.** Estos tres términos significan QUE/QUÉ en algunas oraciones, v. gr.:
**What**'s happening? / ¿Qué pasa?
She told me **that** she is sick / Ella me dijo que está enferma
It's better today **than** tomorrow / Es mejor hoy que mañana
En inglés los NÚMEROS del 21 al 29, del 31 al 39, del 41 al 49, del 51 al 59, del 61 al 69, del 71 al 79, del 81 al 89 y del 91 al 99 se escriben separados con un guión, por ejemplo:

twenty-one
thirty-two
forty-three
fifty-four
sixty-five
seventy-six
eighty-seven
ninety-nine

## Alfabeto / Alphabet

| **A** (éi) | **B** (bí) | **C** (cí) | **D** (dí) | **E** (í) | **F** (éf) |
|---|---|---|---|---|---|
| **G** (yí) | **H** (éich) | **I** (ái) | **J** (yéi) | **K** (kéi) | **L** (él) |
| **M** (em) | **N** (en) | **O** (óu) | **P** (pí) | **Q** (kiú) | **R** (ar) |
| **S** (és) | **T** (tí) | **U** (iú) | **V** (ví) | **W** (dóbliu) | **X** (éx) |
| **Y** (uáy) | **Z** (zí) | | | | |

## Signos de puntuación / Marks of Punctuation

¡!   Admiración / Exclamation mark
'    Apóstrofo / Apostrophe
\*   Asterisco / Asterisk

| Barra / Slash
, Coma / Comma
" " Comillas / Quotation Marks
[ ] Corchetes / Parallel bars, brackets
: Dos puntos / Colon
- Guión / Hyphen
? Interrogación / Question mark
{ } Llaves / Braces, curly brackets
( ) Paréntesis / Parentheses
; Punto y coma / Semicolon
... Puntos suspensivos / Ellipsis, three periods, dots or suspension points
. Punto / Period
. Punto final / Full stop
— Raya / Dash

## Parientes y parentescos / Relatives and Relationships

Amigos / Friends
Novio / Boyfriend
Novia / Girlfriend
Bisabuelos / Great grandparents
Bisabuela / Great grandmother
Bisabuelo / Great grandfather
Abuelos / Grandparents
Abuela / Grandmother
Abuelo / Grandfather
Padre / Father, Dad
Madre / Mother, Mom
Hija / Daughter
Hijo / Son

Hijastro / Stepson
Hijastra / Stepdaughter
Hijastro, tra / Stepchild
Hermano / Brother
Hermana / Sister
Tía / Aunt
Tío / Uncle
Sobrina / Niece
Sobrino / Nephew
Primo, ma / Cousin
Esposo / Husband
Esposa / Wife
Medio hermano / Half brother
Medio hermana / Half sister
Hermanastra / Stepsister
Hermanastro / Stepbrother
Novia / Bride
Novio / Groom
Primogénito, ta / Firstborn child
Prometido, da / Fiancé
Padrino / Godfather
Madrina / Godmother
Ahijado / Godchild, godson
Ahijada / Godchild, goddaughter
Amante / Lover
Concubina / Concubine
Suegra / Mother in law
Suegro / Father in law
Cuñado / Brother in law
Cuñada / Sister in law
Nuera / Daughter in law
Yerno / Son in law
Nieto / Grandson
Nieta / Granddaughter

Madrastra / Stepmother
Padrastro / Stepfather
Madre adoptiva / Adoptive mother
Padre adoptivo / Adoptive father
Entenada / Stepdaughter
Entenado / Stepson, stepchild

## Saludos y presentaciones / Salutations and Greetings

Hola / Hello, hi
¿Tú lo conoces a él? / Do you know him?
De vista solamente / By sight only
¿Qué hay de nuevo? / What is new?
¿Qué pasa? / What's happening?
¿Qué dices? / What are you saying?
Buenos días / Good morning
Buenas tardes / Good afternoon
Buenas noches / Good evening
Hasta mañana / Good night
¿Cómo está usted? / How are you?
¿Cómo estás? / How are you?
¿Qué has hecho? / What have you done?
¿Cómo te ha ido? / How is every thing with you?
¿Cómo está tu familia? / How is your family?
¿Cómo están todos en tu casa? / How is everybody at your home?
¿Cómo te llamas? / What is your name?
Mi nombre es Pablo Pueblo / My name is Pablo Pueblo
¿De dónde eres? / Where are you from?
Yo soy de Villavicencio / I am from Villavicencio

Te presento a mi novia / Let me introduce you to my girlfriend
Encantado de conocerla / I am glad to meet you
Encantado de verte / Nice to see you
Disfruta el día / Enjoy the day
Disfruta tu caminata / Enjoy your walk
¿Qué vas a hacer? / What are you up to?
Encantado de conocerte / I am glad to meet you
Hasta mañana / See you tomorrow
Hasta pronto / So long
Nos vemos más tarde / I will see you later.

## Oficina postal / Post Office

¿Cuánto vale una estampilla de correo local? / How much does a national stamp cost?
Necesito diez estampillas de correo local / I need ten stamps for national mail
¿Cuánto vale una carta por correo certificado? / How much does a certified letter cost?
Necesito un Apartado Aéreo o Apartado Postal / I need a P.O. Box
Quiero enviar una carta por correo certificado / I want to mail a certified letter
Quiero enviar un paquete por correo / I want to send a package by mail
¿Dónde queda la oficina postal? / Where is the post office?
¿Hay una oficina de correos por acá cerca? / Is there a post office around here?
¿Cuánto cuestan las estampillas? / How much do the stamps cost?
¿Ustedes aceptan tarjetas de crédito? / Do you accept credit cards?

¿Dónde puedo comprar sobres? / Where can I buy envelopes?
Correo aéreo / Air mail

## Agencia de viajes / Travel Agency

Pasaje de ida / One way ticket
Pasaje de ida y regreso / Round trip ticket
Quiero un pasaje de ida y regreso a Caracas / I want a round trip ticket to Caracas
¿En qué fecha piensa viajar? / What date are you planning to travel?
¿Para cuántas personas? / How many people?
Viajo solo / I am travelling alone
Solamente viajamos mi esposa y yo / Just my wife and I are travelling
¿Qué aerolínea ofrece pasajes más baratos? / Which airline has cheaper fares?
Viajo mañana y regreso el 5 de julio / I leave tomorrow and come back on July 5th
¿Está lejos el aeropuerto? / Is the airport far away?
¿Estamos lejos del aeropuerto? / Are we far from the airport?

## Salón de belleza / Beauty Salon

Peinadora / Hair dresser
Corte de cabello / Hair cut
Peluquería / Barber's shop
Necesito depilarme las cejas / I need to get my eyebrows done
Necesito un corte de pelo / I need a hair cut
Estilo / Style

Maquillaje / Makeup
Depilación / Depilation, waxing, plucking
Depilarse las piernas / To have one's legs waxed
Manicura / Manicure
Pedicura / Pedicure
Necesito un secado de pelo / I need a blow dry
Alisar el cabello / Hair straightening
Iluminaciones, reflejos / Hi-lights
Permanente / Perm
Un retocado de color / Retouching the roots
Corte de pelo femenino / Women's hair cut
Corte de pelo masculino / Men's hair cut
Corte de pelo de niños / Children's hair cut
Lavado y secado / Wash and blow
Enjuagado / Wash and set
Humidificador / Humidifier
Salón de belleza y barbería / Beauty salon & barber's shop
Ella se hizo la permanente / She's had her hair permed

## Comida rápida / Fast Food

Perro caliente / Hot dog
Hamburguesa / Hamburger
Café y pan con mantequilla / Coffee and bread with butter
Pizza / Pizza
Tortilla / Omelet
Tortita / Pancake
Bizcocho / Cake
Emparedado / Sandwich
Papas fritas / French fries
Café para llevar / Coffee to go
Camarones con arroz / Shrimps and fried rice

¿Me puedes dar una pizza para llevar? / May I have a pizza to go?

Quiero un perro caliente y una soda para comer acá / I want a hot dog and soda to stay

¿Quieres las alas de pollo para llevar? / Do you want the chicken wings to go?

## El metro, el bus / The Subway, The Bus

Use las puertas del corredor para salir del tren / Use the hall doors to exit the train

Metro, subterráneo / Subway

La próxima y última parada es Times Square / Next and last stop is Times Square

¿Cuánto vale el pasaje en el metro? / How much does the fare in the subway cost?

La estación del tren / The train station

Por favor, salgan del tren / Please exit the train

El pasaje en el metro vale $2,25 / The fare in the subway costs 2.25 USD

Salida de emergencia / Emergency exit

El mapa del metro / The subway map

Tarjeta del metro / Metrocard

No se recargue en la puerta / Do not lean on door

No retenga la puerta / Do not hold doors

Mantenga la puerta cerrada / Keep the door closed

Esta es la calle 75 / This is 75th street

Prohibido caminar entre los vagones / Riding between cars is prohibited

Cuidado con los huecos en la plataforma del metro / Watch the gaps in the metro platform

Última parada / Last stop

Transbordo al E, Z en el nivel inferior / Transfer for the E, Z, in the lower level
Información sobre evacuación de emergencia / Subway emergency evacuation information
Salida de emergencia solamente / Emergency exit only
Mire por donde camina / Watch your step
Camine por encima del hueco, no por dentro / Step over the gap, not in it
Instrucciones de evacuación / Evacuation instructions
¿Qué tren debo tomar para ir al Bronx? / What train should I take to the Bronx?
¿Vives cerca del tren? / Do you live close to the train?
Quiero vivir cerca del metro / I want to live close to the subway
Terminal principal / Major terminal
Parada de bus / Bus stop
Descargue solamente / Discharge only
¿Dónde tomo el bus para ir a Queens? / Where do I take the bus to go to Queens?
El bus tarda más que el metro / The bus takes more time than the metro
La tarjeta del tren también sirve para el bus / The metrocard also works for the bus

## Internet

Términos empleados en Internet con los cuales debemos familiarizarnos:
Manage your account / Administra tu cuenta
Customize your e-mail / Personaliza tu correo
User name, ID / Nombre de usuario
Password / Contraseña
Sign in / Entrar, acceder

Log in / Inicio
E-mail / Correo electrónico
Calendar / Agenda
Notepad / Bloc de notas
Check mail / Ver correo
Compose / Escribir
Search mail / Buscar correo
Log off / Salir, cerrar sesión
Sign out / Salir, cerrar sesión
Mail options / Opciones de correo
Folders / Carpetas
Inbox / Bandeja de entrada, recibidos
Draft / Borradores
Sent / Enviado
Trash / Papelera
Delete / Eliminados
Spam / Correo no deseado
Junk e-mail / Correo no deseado
Mark / Marcar
Sender / Remitente
Subject / Asunto
Size / Tamaño
Save / Guardar
Reply / Responder
Forward / Reenviar
Refresh / Actualizar
Settings / Configuración
Contacts / Contactos
People / Contactos
Tasks / Tareas
All mail / Todos
Help / Ayuda
Search the web / Buscar en la Web
Search mail / Buscar mensaje

Compose mail / Redactar
Stayed sign in / No cerrar sesión
Mark as / Marcar como
Move to / Mover a
Home / Principal
Options / Opciones
Profile / Perfil
Starred / Destacados
Manage folders / Administrar carpetas

## Banco y finanzas / Bank and Finances

Quiero abrir una cuenta de ahorros / I want to open a saving account
Cuenta corriente / Checking account
¿Cuál es el mejor banco de esta ciudad? / Which is the best bank in this city?
Letra de cambio / Bill of exchange
Giro postal / Money order
Cheque de viajero / Traveller's check
Acreedor / Creditor
Cajero / Cashier
Billete o cuenta / Bill
Al contado o en efectivo / Cash
Mostrador / Counter
Cambio / Change
Tarjeta de crédito / Credit card
Muestra / Sample
Subasta / Auction
Al mejor postor / To the highest bidder
Estoy arruinado / I am broke
Me gusta el negocio / I like business
Pagar impuestos / To pay taxes

Acciones / Shares
Por mayor / Wholesale
Por menor / Retail
Revendedor / Retailer
Agente / Agent
Distribuidor / Dealer
Aduana / Custom house
Asegurar / Insure
Entregar / Deliver
Pago a entrega / C.O.D. (Collect On Delivery)
Precio libre a bordo / F.O.B. (Free On Board)
Descontar / Discount
Muy caro / Very expensive
Venta especial / Special sale
En efectivo o al crédito / Cash or charge
¿Cuánto vale o cuánto cuesta? / How much is it?
¿Dónde pago? / Where do I pay?
¿Cuál te gusta más? / Which one do you like best?
Ya le pagué / I have paid you already
Busco gangas / I am looking for bargains
No le debo nada a usted / I do not owe you anything
Necesito dinero / I need money
La cuenta, por favor / May I have the check?
Mercado de baratijas / Flea market
No se aceptan cheques / No checks accepted
No cambiamos cheques personales / We don't cash personal checks
Los precios subieron / Prices went up
El precio es correcto / The price is right
¿Cuánto le debo? / How much do I owe you?
Precio de lista / List price
Orden de no pago / Payment stop
Ahorros / Savings
Cheque / Check

Depósito / Deposit
Extracción, retiro / Withdrawal

## El supermercado / The Supermarket

Quiero comprar algunos víveres / I want to buy some groceries
¿Dónde queda el supermercado? / Where is the supermarket?
Hay uno a dos cuadras de aquí / There is one two blocks from here
Quiero comprar leche, pan y huevos / I want to buy milk, bread and eggs
En esta tienda no reciben tarjetas de crédito / This grocery doesn't take credit cards
Todo es más caro aquí / Everything is more expensive here
Esta tienda vende las verduras frescas / This grocery sells fresh lettuces
Aquí uno encuentra toda clase de productos / Here one gets all kinds of products
Aquí compro incluso billetes de lotería / Here I also buy the lottery

## La biblioteca / The Library

Quiero sacar un libro prestado / I want to borrow a book
¿Tienes carné de la biblioteca? / Do you have a library card?
¿Cómo puedo obtenerlo? / How can I get it?
Tienes que llenar una solicitud / You have to fill out an application form

¿Puedo usar Internet aquí? / Can I get access to the internet here?
Sí, en el salón siguiente / Yes, in the next room
Aquí también dictan cursos de inglés / Here they give English courses too

## El vecindario / The Neighborhood

Este es un buen vecindario / This is a good neighborhood
Aquí hay almacenes y tiendas cerca / Here we have stores and shops nearby
Estoy cerca del tren / I am close to the subway
Nomás tardo quince minutos a Manhattan / I spent just fifteen minutes to get to Manhattan
También estoy cerca de la lavandería / I am also close to the laundry
Me gusta mi vecindario / I like my neighborhood

## Clima, tiempo / Weather, Climate

Templado / Temperate, mild
Tórrido / Torrid
Humedad / Humidity, damp
Tropical / Tropical
Páramo, lugar muy frío / Moor, moorland
Nevado / Snowcapped mountain
Cálido / Hot, warm
Selvático / Wild, jungle
Brizna / Drizzle
Brisa / Breeze
Viento / Wind

Huracán / Hurricane
Ventarrón / Stiff gale
Tempestad / Storm
Tempestad de arena / Sandstorm
Rayo / Lightning
Centella / Spark, flash of lightning
Tormenta / Storm, tempest
Tornado / Tornado
Trueno / Thunder
Ventisca / Blizzard
Neblina / Mist
Nebuloso / Cloudy
Nublado / Cloudy
Borrasca / Storm, depression, squall
Granizada / Hailstorm
Bruma / Mist
Ventoso / Windy
Nevoso, -sa / Snowy
Lluvioso / Rainy
Húmedo / Humid
Helado, gélido / Icy

## El tiempo / The Time

Instante / Instant
Segundo / Second
Momento / Moment
Minuto / Minute
Hora / Hour
Día / Day
Semana / Week
Mes / Month
Bimestre / Bimonthly, two-monthly

Trimestre / Quarter
Semestre / Semester
Año / Year
Bienio / Two-year period
Lustro / Lustrum (five-year period)
Quinquenio / Quinquennium (five-year period)
Sexenio / Six-year period
Década / Decade
Siglo, centuria / Century
Milenio / Millennium
Eternidad / Eternity
Infinito / Infinite

## La hora / Time

¿Qué hora es? / What time is it?
Son las seis y media / It's half past six
Son las doce menos cuarto / It's a quarter to twelve
Es la una en punto / It's one o'clock exactly
Son las once en punto / It's eleven o'clock exactly
Es medianoche / It's midnight
Es mediodía / Noon
Son las siete menos cinco / It's five minutes to seven
Son las ocho y cuarto / It's a quarter after eight
Son cerca de las tres / It's about three o'clock
A las cinco en punto / At five o'clock exactly
Son las diez y cinco / It's five after ten

## La calle / The Street

A pesar de todo, esta ciudad es limpia / Despite all this, this city is clean
Sí, es ruidosa pero sus calles son limpias / Yes, it's noisy, but its streets are clean
¿Sabes cómo llaman a Houston? / Do you know what they call Houston?
Nueva York es llamada *La Gran Manzana* / New York is called *The Big Apple*
Parada de buses únicamente / Bus parking only
Desvío / Detour
Semáforo / Traffic light
Mirando vitrinas / Window shoping
Voy de compras / I'm going shopping
La plaza / The square
La avenida / The avenue
La esquina / The corner
El hidrante / The hydrant
Las escaleras / The stairs
Los buses / The buses
Los automóviles / The cars
La motocicleta / The motorcicle
Las bicicletas / The bicycles
Los taxis / The taxis
La estación del tren / The train station
La casa de cambio / The cashier
Qué embotellamiento tan terrible / What a terrible traffic jam
Se dañó el semáforo / The traffic light is out of service
Parece que hubo un accidente / It looks like there was an accident
Se estrelló un bus contra un taxi / A bus collided with a taxi

Andén / Sidewalk
Andén cerrado / Sidewalk closed
Pasarela, pasaje / Walkway
Estoy perdido, no encuentro la dirección / I'm lost, I can't find the address
Estación de policía / Police precint
La calle es ruidosa / The street is noisy
La calle está congestionada / The street is crowded
Calle ciega, calle sin salida / Dead end street
El ruido de las ambulancias / The noise of the ambulances
Policía de tráfico / Traffic police officer

## El trabajo / Work

Compañeros de trabajo / Co-workers, colleagues
Jefe / Boss
Supervisor / Supervisor, foreman
Nómina / Payroll
Desprendible de pago / Pay check stub
Trabajador independiente / Self-employed
Tiempo completo / Full time
Tiempo parcial / Part time
Jornada de trabajo / Working day
Llegué tarde / I arrived late
El jefe siempre llegaba tarde / The boss always got late to work
¿A qué horas sales del trabajo? / What time do you leave from work?
¿En qué trabajas? / What kind of work do you do?
¿Qué clase de trabajo tienes? / What do you have to do?
Trabajo haciendo entregas a domicilio / I do home deliveries
¿Dónde trabajas? / Where are you working?
¿Qué bus tomas para ir al trabajo? / What bus do you take to go to work?

Tomo el metro, el bus es muy lento / I take the subway, the bus is too slow
Hago transbordo en Penn Station / I transfer at Penn Station
Quiero cambiarme de trabajo / I want to change job
Quiero buscar un trabajo mejor / I want to get a better job
Tardo dos horas de mi casa al trabajo / I spend two hours to get to work
Los obreros se quejan / The workers are complaining
Dame una planilla o formulario / Give me an application form
Trabajo en construcción / I work in construction
Lamento haber llegado tarde / I'm sorry to be late
Se necesitan empleados / Help wanted
Trabajo en una panadería / I work in a bakery
Trabajé horas extras / I worked overtime
Estoy buscando trabajo / I am looking for a job
Desearía tener una entrevista / I'd like to have an interview
Necesito trabajar / I need to work
Trabajador social / Social worker
Desempleado / Unemployed
Sindicato / Union
Timbrar la tarjeta de entrada / Clock in
Timbrar la tarjeta de salida / Clock out
Trabajador asalariado / Salaried employee
Mayordomo / Butler
Campesino / Farmer
Peón / Laborer, unskilled workman
¿Está Ud. en horas de trabajo? / Are you in the clock?
Me despidieron / They fired me
Trabajo en una tienda de comestibles / I work in a grocery

## Centro de salud / Health Center

¿Hay un hospital por acá cerca? / Is there a hospital around here?
¿Tienes un documento de identidad? / Do you have an ID?
Dolor de estómago / Stomach ache
Tuve un accidente / I had an accident
¿Dónde puedo conseguir un médico? / Where can I get a doctor?
Mi bebé está enfermo / My baby is sick
¿Tienes seguro médico? / Do you have medical insurance?
¿Me puede dar un vaso de agua? / Can I get a glass of water?
Me siento fatigado / I am out of breath
Tengo un dolor de cabeza terrible / I have a terrible headache
Quiero descansar un poco / I want to rest a little
Tenemos que entrar por urgencias / We have to get in through emergency
Habla con la enfermera / Talk to the nurse
Buscaremos un doctor / We'll look for a doctor
Quiero que me vea un médico / I want a doctor to examine me
Ella sufrió un ataque cardíaco / She suffered a heart attack
No hay camillas en este hospital / There are no stretchers in this hospital
Quiero una consulta médica / I need a doctor's appointment
Seguro médico / Medical insurance
Quiero comprar unas aspirinas / I want to buy some aspirins
¿Cuál es la farmacia más cercana? / Which is the closest pharmacy?
Quiero comprar un botiquín de primeros auxilios / I want to buy a first aid kit
También necesito unas aspirinas / Also I need some aspirins
La influenza puede matar / Influenza can kill
La vacuna contra la influenza salva vidas / Flu shots save lives

## Diversión y entretenimiento / Fun and Entertainment

Quiero ir al teatro / I want to go to the theater
Quiero ir a la ópera / I want to go to the opera
¿Dónde quedan los museos? / Where are the museums?
¿Dónde quedan los clubes nocturnos? / Where are the night clubs?
Quiero ir a un club nocturno / I want to go to a night club
¿Hay algún circo en la ciudad? / Is there a circus in this city?
Quiero tomarme unas cervezas / I want to drink a couple of beers
Quiero ir a bailar esta noche / I want to go dancing tonight
¿Cuánto vale la entrada a un cine? / How much does a ticket to the movies cost?
¿Cuánto vale el pasaje en el metro? / How much is the subway fare?
¿Dónde queda el Parque Central? / Where is Central Park?

## El aeropuerto / The Airport

¿A qué hora sale el vuelo para Moscú? / What time does the plane to Moscow depart?
¿Cuánto demora el vuelo a Managua? / How long does the flight to Managua take?
El vuelo tarda cinco horas / The flight takes five hours
Los pasajes son más caros en verano / In summer the tickets are more expensive
En temporada baja los pasajes valen menos / In low season the tickets cost less
Llévame al aeropuerto John Lennon, por favor / Take me to the John Lennon airport please

Este aeropuerto es enorme / This airport is huge

## El hotel / The Hotel

Quiero un hotel de cinco estrellas / I want a five star hotel
Llévame al hotel más cercano / Take me to the closest hotel
Quiero un hotel que no sea muy costoso / I want a hotel which isn't too expensive
¿Cómo son los hoteles de esta ciudad? / How are the hotels here?
¿Cuál es el número de mi cuarto? / What is my room number?
¿A qué hora sirven el desayuno? / What time do they serve the breakfast?
El restaurante está en el primer piso / The restaurant is on the first floor
Necesito un taxi / I need a cab
¿Cuánto me cobrará el taxista? / How much will the taxi driver charge me?
¿Cómo está la situación para tomar un taxi? / How is the cab situation?
Aquí está mi taxi / My ride is here
Quiero registrarme en el hotel / I want to check in to the hotel
Quiero un hotel cerca de la playa / I want a hotel close to the beach
¿Qué tal es ese hotel? / How is that hotel?
Quédate con el cambio / Keep the change
Mesa para dos / Table for two
¿Quiere ordenar ya? / Can I take your order?
¿Ya está listo para ordenar? / Are you ready to order?
Necesito unos minutos más / I need a few more minutes
¿Algo para tomar? / Anything to drink?

Aperitivo / Appetizer
Postre / Desert
¿Me puedes dar un poco más de café? / May I have a little more coffee?
¿Me da la cuenta, por favor? / May I have the check?
¿Cómo le gusta la carne asada? / How do you like your steak?
¿Puedo ver la carta? / May I have the menu?

## Los días de la semana / Days of the Week

En inglés, los días de la semana y los meses del año se escriben siempre con mayúscula.

Lunes / Monday
Martes / Tuesday
Miércoles / Wednesday
Jueves / Thursday
Viernes / Friday
Sábado / Saturday
Domingo / Sunday

## Los meses del año / Months of the Year

Enero / January
Febrero / February
Marzo / March
Abril / April
Mayo / May
Junio / June
Julio / July
Agosto / August

Septiembre / September
Octubre / October
Noviembre / November
Diciembre / December

## Las estaciones / The Seasons

Invierno / Winter
Otoño / Fall, autumn
Primavera / Spring
Verano / Summer

## Verbos importantísimos / Very Important Verbs

### To be / estar, ser

Modo indicativo / Indicative Mode

| Tiempo presente / Present tense | Tiempo pasado / Past tense |
|---|---|
| **I am** / Yo soy, yo estoy | **I was** / Yo fui, yo estuve |
| **You are** / Tú eres, tú estás, usted es, usted está, vos sos, vos estás | **You were** / Tú fuiste, tú estuviste, usted fue, usted estuvo, vos fuiste, vos estuviste |
| **She is** / Ella es, ella está | **She was** / Ella fue, ella estuvo |
| **He is** / Él es, él está | **He was** / Él fue, él estuvo |
| **It is** / Lo es, lo está, ello es, ello está | **It was** / Lo fue, lo estuvo |
| **We are** / Nosotros somos, nosotros estamos, nosotras somos, nosotras estamos | **We were** / Nosotros fuimos, nosotros estuvimos, nosotras fuimos, nosotras estuvimos |
| **You are** / Ustedes son, ustedes están, vosotros sois, vosotros estáis, vosotras sois, vosotras estáis | **You were** / Ustedes fueron, ustedes estuvieron, vosotros fuisteis, vosotros estuvisteis, vosotras fuisteis, vosotras estuvisteis |
| **They are** / Ellos son, ellos están, ellas son, ellas están | **They were** / Ellos fueron, ellos estuvieron |

## To come / venir

| Tiempo presente / Present tense | Tiempo pasado / Past tense |
|---|---|
| I come / Yo vengo | I came / Yo vine |
| You come / Usted viene | You came / Usted vino |
| She comes / Ella viene | She came / Ella vino |
| He comes / Él viene | He came / Él vino |
| It comes / Viene | It came / Vino |
| We come / Nosotros venimos | We came / Nosotros vinimos |
| You come / Ustedes vienen | You came / Ustedes vinieron |
| They come / Ellos vienen | They came / Ellos vinieron |

## To do / hacer

| Tiempo presente / Present tense | Tiempo pasado / Past tense |
|---|---|
| I do / Yo hago | I did / Yo hice |
| You do / Usted hace | You did / Usted hizo |
| She does / Ella hace | She did / Ella hizo |
| He does / Él hace | He did / Él hizo |
| It does / Hace | It did / Hizo |
| We do / Nosotros hacemos | We did / Nosotros hicimos |
| You do / Ustedes hacen | You did / Ustedes hicieron |
| They do / Ellos hacen | They did / Ellos hicieron |

## To get / conseguir

| Tiempo presente / Present tense | Tiempo pasado / Past tense |
|---|---|
| I get / Yo consigo | I got / Yo conseguí |
| You get / Usted consigue | You got / Usted consiguió |
| She gets / Ella consigue | She got / Ella consiguió |
| He gets / Él consigue | He got / Él consiguió |
| It gets / Consigue | It got / Consiguió |
| We get / Nosotros conseguimos | We got / Nosotros conseguimos |
| You get / Ustedes consiguen | You got / Ustedes consiguieron |
| They get / Ellos consiguen | They got / Ellos consiguieron |

Aprender tantico inglés no está de más

## To go / ir

| Tiempo presente / Present time | Tiempo pasado / Past tense |
|---|---|
| I go / Yo voy | I went / Yo fui |
| You go / Usted va | You went / Usted fue |
| She goes / Ella va | She went / Ella fue |
| He goes / Él va | He went / Él fue |
| It goes / Va | It went / Fue |
| We go / Nosotros vamos | We went / Nosotros fuimos |
| You go / Ustedes van | You went / Ustedes fueron |
| They go / Ellos van | They went / Ellos fueron |

## To give / dar

| Tiempo presente / Present tense | Tiempo pasado / Past tense |
|---|---|
| I give / Yo doy | I gave / Yo di |
| You give / Usted da | You gave / Usted dio |
| She gives / Ella da | She gave / Ella dio |
| He gives / Él da | He gave / Él dio |
| It gives / Da | It gave / Dio |
| We give / Nosotros damos | We gave / Nosotros dimos |
| You give / Ustedes dan | You gave / Ustedes dieron |
| They give / Ellos dan | They gave / Ellos dieron |

## To have / haber, tener

| Tiempo presente / Present tense | Tiempo pasado / Past tense |
|---|---|
| I have / Yo he, yo tengo | I had / Yo hube, yo tuve |
| You have / Usted ha, usted tiene | You had / Usted hubo, usted tuvo |
| She has / Ella ha, ella tiene | She had / Ella hubo, ella tuvo |
| He has / Él ha, él tiene | He had / Él hubo, él tuvo |
| It has / Ha, tiene | It had / Hubo, tuvo |
| We have / Nosotros hemos, nosotros tenemos | We had / Nosotros hubimos, nosotros tuvimos |
| You have / Ustedes han, ustedes tienen | You had / Ustedes hubieron, ustedes tuvieron |
| They have / Ellos han, ellos tienen | They had / Ellos hubieron, ellos tuvieron |

## To keep / Mantener

| Tiempo presente / Present tense | Tiempo pasado / Past tense |
|---|---|
| I keep / Yo mantengo | I kept / Yo mantuve |
| You keep / Usted mantiene | You kept / Usted mantuvo |
| She keeps / Ella mantiene | She kept / Ella mantuvo |
| He keeps / Él mantiene | He kept / Él mantuvo |
| It keeps / Mantiene | It kept / Mantuvo |
| We keep / Nosotros mantenemos | We kept / Nosotros mantuvimos |
| You keep / Ustedes mantienen | You kept / Ustedes mantuvieron |
| They keep / Ellos mantienen | They kept / Ellos mantuvieron |

## To let / Dejar

| Tiempo presente / Present tense | Tiempo pasado / Past tense |
|---|---|
| I let / Yo dejo | I let / Yo dejé |
| You let / Usted deja | You let / Usted dejó |
| She lets / Ella deja | She let / Ella dejó |
| He lets / Él deja | He let / Él dejó |
| It lets / Deja | It let / Dejó |
| We let / Nosotros dejamos | We let / Nosotros dejamos |
| You let / Ustedes dejan | You let / Ustedes dejaron |
| They let / Ellos dejan | They let / Ellos dejaron |

## To like / Querer

| Tiempo presente / Present tense | Tiempo pasado / Past tense |
|---|---|
| I like / Yo gusto | I liked / Yo gusté |
| You like / Usted gusta | You liked / Usted gustó |
| She likes / Ella gusta | She liked / Ella gustó |
| He likes / Él gusta | He liked / Él gustó |
| It likes / Gusta | It liked / Gustó |
| We like / Nosotros gustamos | We liked / Nosotros gustamos |
| You like / Ustedes gustan | You liked / Ustedes gustaron |
| They like / Ellos gustan | They liked / Ellos gustaron |

Aprender tantico inglés no está de más

## To love / amar

| Tiempo presente / Present tense | Tiempo pasado / Past tense |
|---|---|
| I love / Yo amo | I loved / Yo amé |
| You love / Usted ama | You loved / Usted amó |
| She loves / Ella ama | She loved / Ella amó |
| He loves / Él ama | He loved / Él amó |
| It loves / Ama | It loved / Amó |
| We love / Nosotros amamos | We loved / Nosotros amamos |
| You love / Ustedes aman | You loved / Ustedes amaron |
| They love / Ellos aman | They loved / Ellos amaron |

## To make / hacer

| Tiempo presente / Present tense | Tiempo pasado / Past tense |
|---|---|
| I make / Yo hago | I made / Yo hice |
| You make / Usted hace | You made / Usted hizo |
| She makes / Ella hace | She made / Ella hizo |
| He makes / Él hace | He made / Él hizo |
| It makes / Hace | It made / Hizo |
| We make / Nosotros hacemos | We made / Nosotros hicimos |
| You make / Ustedes hacen | You made / Ustedes hicieron |
| They make / Ellos hacen | They made / Ellos hicieron |

## To put / poner

| Tiempo presente / Present tense | Tiempo pasado / Past tense |
|---|---|
| I put / Yo pongo | I put / Yo puse |
| You put / Usted pone | You put / Usted puso |
| She puts / Ella pone | She put / Ella puso |
| He puts / Él pone | He put / Él puso |
| It puts / Pone | It put / Puso |
| We put / Nosotros ponemos | We put / Nosotros pusimos |
| You put / Ustedes ponen | You put / Ustedes pusieron |
| They put / Ellos ponen | They put / Ellos pusieron |

## To say / Decir

| Tiempo presente / Present tense | Tiempo pasado / Past tense |
|---|---|
| I say / Yo digo | I said / Yo dije |
| You say / Usted dice | You said / Usted dijo |
| She says / Ella dice | She said / Ella dijo |
| He says / Él dice | He said / Él dijo |
| It says / Dice | It said / Dijo |
| We say / Nosotros decimos | We said / Nosotros dijimos |
| You say / Ustedes dicen | You said / Ustedes dijeron |
| They say / Ellos dicen | They said / Ellos dijeron |

## To see / Ver

| Tiempo presente / Present tense | Tiempo pasado / Past tense |
|---|---|
| I see / Yo veo | I saw / Yo vi |
| You see / Usted ve | You saw / Usted vio |
| She sees / Ella ve | She saw / Ella vio |
| He sees / Él ve | He saw / Él vio |
| It sees / Ve | It saw / Vio |
| We see / Nosotros vemos | We saw / Nosotros vimos |
| You see / Ustedes ven | You saw / Ustedes vieron |
| They see / Ellos ven | They saw / Ellos vieron |

## To seem / Parecer

| Tiempo presente / Present tense | Tiempo pasado / Past tense |
|---|---|
| I seem / Yo parezco | I seemed / Yo parecí |
| You seem / Usted parece | You seemed / Usted pareció |
| She seems / Ella parece | She seemed / Ella pareció |
| He seems / Él parece | He seemed / Él pareció |
| It seems / Parece | It seemed / Pareció |
| We seem / Nosotros parecemos | We seemed / Nosotros parecimos |
| You seem / Ustedes parecen | You seemed / Ustedes parecieron |
| They seem / Ellos parecen | They seemed / Ellos parecieron |

## To send / enviar

| Tiempo presente / Present tense | Tiempo pasado / Past tense |
|---|---|
| I send / Yo envío | I sent / Yo envié |
| You send / Usted envía | You sent / Usted envió |
| She sends / Ella envía | She sent / Ella envió |
| He sends / Él envía | He sent / Él envió |
| It sends / Envía | It sent / Envió |
| We send / Nosotros enviamos | We sent / Nosotros enviamos |
| You send / Ustedes envían | You sent / Ustedes enviaron |
| They send / Ellos envían | They sent / Ellos enviaron |

## To take / tomar

| Tiempo presente / Present tense | Tiempo pasado / Past tense |
|---|---|
| I take / Yo tomo | I took / Yo tomé |
| You take / Usted toma | You took / Usted tomó |
| She takes / Ella toma | She took / Ella tomó |
| He takes / Él toma | He took / Él tomó |
| It takes / Toma | It took / Tomó |
| We take / Nosotros tomamos | We took / Nosotros tomamos |
| You take / Ustedes toman | You took / Ustedes tomaron |
| They take / Ellos toman | They took / Ellos tomaron |

## To want / querer, desear

| Tiempo presente / Present tense | Tiempo pasado / Past tense |
|---|---|
| I want / Yo quiero | I wanted / Yo quise |
| You want / Usted quiere | You wanted / Usted quiso |
| She wants / Ella quiere | She wanted / Ella quiso |
| He wants / Él quiere | He wanted / Él quiso |
| It wants / Quiere | It wanted / Quiso |
| We want / Nosotros queremos | We wanted / Nosotros quisimos |
| You want / Ustedes quieren | You wanted / Ustedes quisieron |
| They want / Ellos quieren | They wanted / Ellos quisieron |

## To work / Trabajar

| Tiempo presente / Present tense | Tiempo pasado / Past tense |
|---|---|
| I work / Yo trabajo | I worked / Yo trabajé |
| You work / Usted trabaja | You worked / Usted trabajó |
| She works / Ella trabaja | She worked / Ella trabajó |
| He works / Él trabaja | He worked / Él trabajó |
| It works / Trabaja | It worked / Trabajó |
| We work / Nosotros trabajamos | We worked / Nosotros trabajamos |
| You work / Ustedes trabajan | You worked / Ustedes trabajaron |
| They work / Ellos trabajan | They worked / Ellos trabajaron |

## Verbos / verbs

| INFINITIVO | PASADO | PARTICIPIO |
|---|---|---|
| to bet / apostar | bet | bet |
| to bid / pujar, pedir | bid | bid |
| to bring / traer | brought | brought |
| to broadcast / transmitir, emitir | broadcast | broadcast |
| to buy / comprar | bought | bought |
| to catch / agarrar, coger | caught | caught |
| to choose / escoger, elegir | chose | chosen |
| to come / venir | came | come |
| to cost / costar | cost | cost |
| to cut / cortar | cut | cut |
| to dig / cavar | digged | dug |
| to draw / dibujar, trazar | drew | drawn |
| to drink / beber | drank | drunk |
| to drive / manejar, conducir | drove | driven |
| to feel / sentir | felt | felt |
| to forecast / pronosticar | forecast | forecast |
| to hit / golpear | hit | hit |
| to knit / tejer | knit | knitted |
| to let / dejar, permitir | let | let |
| to put / poner | put | put |
| to quit / abandonar, dejar | quit | quit |
| to read / leer | read | read |
| to set / situar, fijar | set | set |
| to shed / verter, derramar | shed | shed |
| to shut / cerrar | shut | shut |

## Modo Imperativo / Imperative Mode

El modo imperativo o de dar órdenes de los verbos ingleses no es complicado, basta usar el verbo en infinitivo suprimiendo la preposición 'to':
Hazlo / Do it
Vete a casa / Go home
Vamos / Let's go
Di algo / Say something
Devuélveme mi dinero / Give me my money back
Déjame comer / Let me eat
Envía un correo electrónico / Send an e-mail

## Pronombres personales en función de sujeto

| I | Yo | I am crazy | Yo estoy loco |
|---|---|---|---|
| You | Tú | You are thirsty | Tú tienes sed |
| He | Él | He is weird | Él es extraño |
| She | Ella | She is tall | Ella es alta |
| It | Ello, lo (neutro) | It's windy today | Hoy está ventoso |
| We | Nosotros/as | We are exhausted | Nosotros/as estamos agotados/as |
| You | Vosotros/as Ustedes | You are mad | Vosotros/as estáis furiosos/as Ustedes están furiosos |
| They | Ellos Ellas | They are at the university | Ellos están en la universidad Ellas están en la universidad |

## Pronombres personales en función de objeto

| Me | Mí | I do it for me | Lo hago para mí |
|---|---|---|---|
| You | A ti<br>A usted | I'm telling you | Te estoy diciendo<br>A usted le estoy diciendo |
| Him | A él | Can you hate him? | ¿Puedes odiarlo? |
| Her | A ella | Sell it to her | Véndeselo a ella |
| It | A ello (neutro) | Press it a little | Presiónalo un poco |
| Us | A nosotros/as | He is bothering us | Él nos está fastidiando |
| You | A vosotros/as<br>A ustedes | I heard you | Os oí<br>Oí a ustedes |
| Them | A ellos/as | I 'm dancing for them | Estoy bailando para ellos/as |

## Pronombres posesivos en función adyacente (como adjetivo calificativo)

| My | Mi, mis | This is my house | Esta es mi casa |
|---|---|---|---|
| Your | Tu, tus | This is your shirt | Esta es tu camisa |
| His | Su, sus (de él) | This is his handkerchief | Este es su pañuelo |
| Her | Su, sus (de ella) | This is her ring | Este es su anillo |
| Its | Su, sus (neutro) | This is its environment | Este es su medio ambiente |
| Our | Nuestro/a, Nuestros/as | These are our luggages | Estas son nuestras maletas |
| Your | Vuestro/a, Vuestros/as | These are your pencils | Estos son vuestros lápices |
| Their | Su, sus (de ellos/as) | Here are their jackets | Aquí están sus chaquetas |

## Pronombres posesivos en función predicativa

| | | | |
|---|---|---|---|
| Mine | Mío/s, Mía/s | This watch is **mine** | Este reloj es mío. |
| Yours | Tuyo/s, Tuya/s<br>Suyo/s, Suya/s | My name is Tupac. What's **yours**? | Mi nombre es Tupac. ¿Cuál es el tuyo? |
| His | Suyo/s, Suya/s (de él) | This iron is **his** | Esta plancha es de él |
| Hers | Suyo/s, Suya/s (de ella) | The blue scarf is **hers** | La bufanda azul es de ella |
| Ours | Nuestro/s, Nuestra/s | The scissors are **ours** | Las tijeras son nuestras |
| Yours | Vuestro/s, Vuestra/s | The farm is **yours** | La granja es vuestra |
| Theirs | Suyo/s, Suya/s (de ellos/as) | This bank is **theirs** | Este banco es de ellos |

## Los artículos / The Articles

| ARTÍCULO DEFINIDO O DETERMINANTE DEFINITE ARTICLE | | |
|---|---|---|
| | Singular | Plural |
| Masculino<br>Masculine | El libro<br>The book | Los libros<br>The books |
| Femenino<br>Feminine | La casa<br>The house | Las casas<br>The houses |

| ARTÍCULO INDEFINIDO O INDETERMINADO INDEFINITE ARTICLE | | |
|---|---|---|
| | Singular | Plural |
| Masculino<br>Masculine | Un zapato<br>A shoe | Unos ríos<br>Some rivers |
| Femenino<br>Feminine | Una manzana<br>An apple | Unas piñas<br>Some pineapples |

## HERE, THERE / AQUÍ, ALLÁ

**Here** (aquí, acá) y **there** (allí, ahí, allá) se refieren a la ubicación de una persona, animal o cosa, bien sea en un lugar cercano o lejano:

Here is my office / Aquí está mi oficina
There is my friend / Allá está mi amigo
They are here / Ellos están acá
We were there / Nosotros estuvimos allá

## DETERMINANTES DEMOSTRATIVOS / DEMONSTRATIVE DETERMINERS

|  | Singular | Plural | Singular | Plural | Singular | Plural |
|---|---|---|---|---|---|---|
| **Masculino** | Este | Estos | Ese | Esos | Aquel | Aquellos |
| **Masculine** | This | These | That | Those | That | Those |
| **Femenino** | Esta | Estas | Esa | Esas | Aquella | Aquellas |
| **Feminine** | This | These | That | Those | That | Those |

Este día / This day
Estos días / These days
Esta mañana / This morning
Estas mañanas / These mornings
Ese ladrillo / That brick
Esos ladrillos / Those bricks
Esa cámara / That camera
Esas cámaras / Those cameras
Aquel abrigo / That coat
Aquellos abrigos / Those coats
Aquella lámpara / That lamp
Aquellas lámparas / Those lamps

## Plural

Para formar el PLURAL de las palabras inglesas, regularmente se agrega **-S**, **-ES**, y cuando la palabra termina en **-Y** suprimimos esta letra y la reemplazamos por **-IES**, p. ej.:

Tree (árbol) / Trees (árboles)
Tax (impuesto) / Taxes (impuestos)
Body (cuerpo) / Bodies (cuerpos)
Kiss (beso) / Kisses (besos)
Day (día) / Days (días)
Torpedo (torpedo) / Torpedoes (torpedos)

Pero hay **plurales irregulares** tales como:
Person (persona) / People (personas, gente)
Woman (mujer) / Women (mujeres)
Ox (buey) / Oxen (bueyes)
Tooth (diente) / Teeth (dientes)
Louse (piojo) / Lice (piojos)
Life (vida) / Lives (vidas)
Calf (ternero) / Calves (terneros)
Criterion (criterio) / Criteria (criterios)
Stimulus (estímulo) / Stimuli (estímulos)
Diagnosis (diagnosis) / Diagnoses (diagnosis)
Fish (pez, pescado) / Fishes (pescados)

Algunas palabras inglesas siempre se escriben en plural:
Species (especie, especies)
Mumps (paperas)
Sheep (oveja, ovejas)
Aircraft (avión, aviones)
Means (medio, medios)
Hair (cabello, cabellos)

## Self, Selves

Son denominados pronombres reflexivos:
Myself / Yo mismo, yo misma
Yourself / Usted mismo, usted misma, tú mismo, tú misma
Herself / Ella misma
Himself / Él mismo
Itself / En sí, sí mismo, sí misma, por sí, ella misma, ello mismo
Ourselves / Nosotros mismos, nosotras mismas
Yourselves / Ustedes mismos, ustedes mismas
Themselves / Ellos mismos, ellas mismas

## Cada uno, cada una / Each Other

Significa "cada uno", "cada una", "uno a otro", "una a otra". Es más bien una forma de identificación recíproca, no es reflexiva. Aquí hay sólo dos sujetos que mutuamente efectúan una acción donde se ven el uno al otro, hablan el uno al otro, etc.
Jude and Albert saw **each other** in the street / Jude y Albert se vieron en la calle
They love each other / Ellos se aman el uno al otro

## Verbos auxiliares / Auxiliary Verbs

**BE.** Para la formación del presente y pasado continuo de otros verbos, es preciso el empleo del verbo TO BE; también se emplea este verbo para interrogar y para formar la negación.
Yo estoy escribiendo / I'm writing
Yo estaba caminando / I was walking
¿Estabas durmiendo? / Were you sleeping?

¿Ellos son perezosos? / Are they lazy?
Ella no es buena estudiante / She is not a good student
Tú no estás listo / You are not ready
¿Tú no eres feliz? / Aren't you happy?

**CAN**. Se utiliza para referirse a la capacidad de una persona.
Yo puedo leer inglés / I can read English
¿Puedes levantar esto? / Can you lift this?

**COULD**. Es el pasado del verbo CAN. Se utiliza en expresiones corteses. Es también una forma educada de preguntar. P. ej:
¿Me puedes dar otro pedazo de torta, por favor? / Could I have another piece of cake, please?
Cuando yo era joven podía levantar 50 libras / When I was young I could lift 50 pounds

**DO**. Además de ser un verbo común, se utiliza para negar y afirmar en presente y en pasado, así como para enfatizar en presente y en pasado, y para responder en forma afirmativa o negativa:
Yo no quiero ir / I do not want to go
Sí, sí necesito dinero / Yes, I do need money
La niña no fue a la escuela / The little girl didn't go to the school
¿Veo yo? / Do I see?
¿Piensa él? / **Does** he think?
¿Ella ama? / **Does** she love?
¿Ella no ama a su novio? / **Does**n't she love her boyfriend?
¿Fuiste a la universidad? / **Did** you go to the university?
Sí, lo hice / Yes, I **did**
No, no lo hice / No, I **did**n't
Yo no fui a clase ayer / I **did**n't go to class yesterday

¿Yo hice eso? / **Did** I do that?
¿Ella dijo eso? / **Did** she say that?
¿Usted no vino ayer? / **Did**n't you come yesterday?

**HAVE**. Este verbo, además de significar "tener", es también un importante auxiliar en la lengua inglesa. Es usado para formar los tiempos compuestos, tiempos perfectos, el pasado perfecto en las formas afirmativa y negativa, para expresar autoridad u obligación y para formar la interrogación en frases enfáticas:
Hemos hablado / We have talked
Yo he estado en Haití / I have been in Haiti
Ellos afirman haber adoptado dos niños / They claim to have adopted two chidren
Yo no tengo café / I don't have coffee
Ella no tiene dinero / She **has** no money
Tienes que estudiar / You have to study
Tienes que pagar / You have to pay
Ella ha estado allí muchas veces / She **has** been there many times
¿Tienes suficiente dinero? / Have you enough money?
¿Has estado allí alguna vez? / Have you ever been there?
Tú no has comprado dos casas / You haven't bought two houses
Nosotros ya hemos hablado / We have spoken already
Ella había comido algo / She **had** eaten something
Ella no había comido nada / She **had** not eaten anything
Habíamos hablado / We **had** talked
No habíamos hablado / We **had** not talked

**MAY**. Se usa cuando se refiere a permiso, autorización, o indicando posibilidad de algo.
¿Me puedes dejar pasar? / May I get through?
Mañana puede llover / It may rain tomorrow

**MIGHT**. Indica pocas posibilidades, una sombra de duda, en presente y en futuro:
La guerra podía desatarse / War might break out
¿Podría mi hermano acompañarme? / Might my brother accompany me?

**MUST**. Sirve para indicar algo esencial, necesario, algo que se requiere y por lo tanto es obligatorio. Se usa en tiempo presente y futuro. No se usa en tiempo pasado, excepto en deducciones relacionadas con eventos pasados; en estos casos la fórmula es siempre **must have**:
Ella no está en su escritorio, tiene que haber salido a almorzar / She is not at her work, she must have stepped out for lunch
Ella tiene que trabajar más duro / She must work harder
Él tiene que llamar a su padre mañana / He must call his father tomorrow

**OUGHT**. Se emplea para indicar un deber moral, obligación pecuniaria, prudencia, conveniencia, consejo o probabilidad:
Debemos pagar nuestras cuotas / We ought pay our dues
Debes ser cuidadoso / You ought to be more careful

**SHALL**. Es un auxiliar prácticamente en desuso, una versión acabada de WILL; se ha utilizado para hacer preguntas en tiempo presente y para expresiones futuras, en la primera persona del singular y del plural.
¿Debemos partir ahora? / Shall we depart now?
Yo probablemente voy mañana / I shall probably go tomorrow

**SHOULD**. Expresa una obligación moral o condicional, un deber. Se usa en primera persona del singular y del plural:
Yo debería jugar / I should play
Nosotros deberíamos cantar / We should sing

**WILL**. Se usa para formar el futuro simple en la forma afirmativa y negativa:
Yo iré pasado mañana / I will go after tomorrow
Yo no iré mañana / I won't go tomorrow

**WOULD**. Sirve para formar el condicional en el sentido de querer algo; se usa también a manera de sugerencia:
Yo quisiera ir / I would like to go
Quizá sería una buena idea / Perhaps it would be a good idea

## -ING

El sufijo **-ing** es el equivalente inglés de las terminaciones **-ando**, **-endo** que en español forman el gerundio. También se usa en la formación de adjetivos:
¿Estás cantando? / Are you singing?
Ella ha estado aprendiendo taquigrafía / She has been learning stenography
Él aún está pensando / He is thinking still
La niña estuvo llorando toda la noche / The little girl was crying all night
Inmerecido / Undeserving
Humanitario / Caring
Interesante / Interesting
Apremiante / Pressing

## Un-, in-, im-

Son prefijos ingleses que equivalen a los prefijos **des-**, **in-**, **-im** del castellano. Estos prefijos alteran totalmente el significado de las palabras, les dan un significado opuesto, contrario. Significan **anti, no, sin, ausente de, poco**:

True (verdadero) / Untrue (falso)
Desirable (deseable) / Undesirable (indeseable)
Believable (creíble) / Unbelievable (increíble)
Specified (especificado) / Unspecified (no especificado)
Appropriate (apropiado) / Inappropriate (inapropiado)
Offensive (ofensivo) / Inoffensive (inofensivo)
Visible (visible) / Invisible (invisible)
Possible (posible) / Impossible (imposible)
Polite (cortés) / Impolite (descortés)

## -ED

Este sufijo forma el pasado y el participio pasado de muchos verbos, y también forma adjetivos:
Attack (atacar) / Attacked (ataqué, atacado)
Kill (matar) / Killed (maté, matado)
Call (llamar) / Called (llamé, llamado)
Interested / Interesado
Bored / Aburrido

## -LY

El sufijo -LY equivale al sufijo **-mente** del castellano; convierte en adverbios a un sinnúmero de adjetivos elementales o básicos:
Violent (violento, -ta) / Violently (violentamente)
Honest (honesto, -ta) / Honestly (honradamente)
Normal (normal) / Normally (normalmente)

## -ER, -OR

Estas terminaciones normalmente sirven para agregarlas a un sustantivo y formar otra palabra que denote profesión u oficio. Además -ER se emplea en la formación de algunos comparativos.

Credit (crédito) / Creditor (acreedor)
Debt (deuda) / Debtor (deudor)
Sail (vela) / Sailor (marinero)
Paint (pintura) / Painter (pintor)
Mine (mina) / Miner (minero)
Big (grande) / Bigger (más grande)
Small (pequeño) / Smaller (más pequeño)

## Comparativos / Comparatives

**Good** (bueno) / **Better** (mejor)
He is good, but she is better / Él es bueno, pero ella es mejor
**Old** (viejo) / **Older** (anciano, más viejo)
I'm old man, but he is older than me / Yo soy viejo, pero él es más viejo que yo
**Late** (tarde) / **Later** (más tarde)
I'm late, but you are later / Yo estoy retrasado, pero tú estás más retrasado
**Noisy** (bullicioso) / **Noisier** (más bullicioso)
She is noisy, but you are noisier / Ella es bulliciosa, pero usted es más bulliciosa
**Crazy** (loco) / **Crazier** (más loco)
I'm just crazy, but you are crazier / Yo soy simplemente loco, pero usted es más loco
**Easy** (fácil) / **Easier** (más fácil)

Today is easy, tomorrow will be easier / Hoy es fácil, mañana será más fácil
**Long** (largo) / **Longer** (más largo)
The bus is long, and the train is longer / El bus es largo y el tren es más largo
**Far** (lejos) / **Farther** (más lejos)
Not far from Cali, farther from Pasto / No lejos de Cali, más lejos de Pasto
**More** (más)
She is more crazy than him / Ella es más loca que él
**Less** (menos)
She is less young than you / Ella es menos joven que tú
**As... as** (tan... como)
I'm as old as you / Soy tan viejo como tú
**As much as** (tanto... como)
We have as much work as you / Tenemos tanto trabajo como tú
**As many as** (tantos... como)
You have as many books as them / Tienes tantos libros como ellos

## Superlativos / Superlatives

The **best** / El mejor, la mejor, lo mejor, los mejores, las mejores
The **oldest** / El más viejo, la más vieja, lo más viejo, los más viejos, las más viejas
**Latest, last** / El último, la última, lo último, los últimos, las últimas
**Easiest** / El más fácil, la más fácil, lo más fácil, los más fáciles, las más fáciles
**Longest** / El más largo, la más larga, lo más largo, los más largos, las más largas

**Farthest** / El más lejano, la más lejana, lo más lejano, los más lejanos, las más lejanas
**The least** / El menos, la menos, lo menos, los menos, las menos
**The most** / El más, la más, lo más, los más , las más
**Noisiest** / El más bullicioso, la más bulliciosa, lo más bullicioso, los más bulliciosos, las más bulliciosas
**Craziest** / El más loco, la más loca, lo más loco, los más locos, las más locas

# It

Es un pronombre neutro que a veces no significa nada en particular. Es sujeto de un verbo impersonal, se refiere a una cosa o a un animal, y a seres humanos cuando se indaga por el sexo de un recién nacido:
What sex is **it**? / ¿Es niña o niño?
Is it a German Shepherd? Yes, **it** is / ¿Ese es un pastor alemán? Sí, lo es
That's **it** / Eso es, ya está
Just see **it** / Nomás míralo, sólo míralo
Take **it** / Tómalo

He received **it** / Él lo recibió

We are inside **it** / Nosotros estamos dentro de eso, o dentro de la cosa.

**It**'s on the desk / Está en el escritorio

## Any

Se emplea en frases dudosas, interrogativas y negativas:
I don't have any books / Yo no tengo libros
Have you any kids? / ¿Tiene usted niños?
I do not have any pens / Yo no tengo bolígrafos
Have you any butter? / ¿Usted tiene mantequilla?

## Some

Se emplea en frases afirmativas:
I have some red wine / Yo tengo vino rojo
She gave him some money / Ella le dio dinero
He bought some matches / Él compró fósforos
We found some pencils / Nosotros encontramos unos lápices
They broke some bricks / Ellos rompieron unos ladrillos

## Pertenencias, propiedades / Belongings, Possessions

En inglés hay dos formas de expresar por escrito la idea de posesión, pertenencia o propiedad. Cuando se refiere a cosas, normalmente se usa la preposición **OF**. Pero no es una regla estricta.

This is the piano of my brother / Este es el piano de mi hermano
The fruits of the supermarket / Las frutas del supermercado
The roots **of** the tree / Las raíces del árbol

Cuando se refiere a seres humanos o animales, se agrega una "s" apostrofada, aunque tampoco estrictamente, dado que también se aplica a cosas.

My aunt**'s** ring / El anillo de mi tía
This is my brother**'s** piano / Este es el piano de mi hermano
The tree**'s** root are deep / Las raíces del árbol son profundas

## Yes, If, Whether / Sí, si

Son los equivalentes ingleses del sí/**si** en castellano, bien sea afirmando con certeza, dudando, expresando incertidumbre o condicionamiento.
**If** you go to Madrid / Si tú vas a Madrid
**If** you do not pay me / Si tú no me pagas
I asked them **whether** I should go / Les pregunté si yo debería ir
Tell me **whether** you need help or not / Dime si necesitas ayuda o no
**Yes** es usado en la respuesta afirmativa, que denota certeza:
**Yes**, that is true / Sí, eso es verdad
**Yes**, that is the problem / Sí, ese es el problema

## Already, Yet / Ya, aún, todavía

Estos vocablos tienen el significado de YA, TODAVÍA, AÚN:
I've already been there / Ya he estado allí
We should be there already / Ya deberíamos estar allí
I've already paid my dues / Ya pagué mis cuotas
Did you start yet? / ¿Usted ya empezó?
Have you decided yet? / ¿Usted ya se decidió?
Have you two already met? / ¿Ustedes ya se conocen?
Has she finished yet? / ¿Ella ya terminó?
Have they read the book yet? / ¿Ellos ya leyeron el libro?
Has my teacher come home yet? / ¿Ya llegó mi profesor?

Have you tidied your room yet? / ¿Ya has arreglado tu cuarto?
She's fixed it already / Ella ya lo ha arreglado
She hasn't eaten yet / Ella aún no ha comido
They haven't arrived yet / Ellos aún no han llegado
Better yet / Mejor aún
The plan may yet succeed / El plan aún puede dar resultados
We may win yet / Todavía podemos ganar
I haven't been in Angola yet / Yo no he estado en Angola todavía

## Still / Todavía, aún, quieto, tranquilo

The risk is greater still / El riesgo es mayor aún
I'm still scared / Tengo miedo aún
Stand still / No te muevas
Stand still or sit still / Quédate quieto
She is still working / Ella todavía está trabajando

## Till, Until / Hasta, hasta que

Until they died / Hasta que ellos murieron
Until midnight / Hasta la medianoche
Until now / Hasta ahora
Till then / Hasta aquel entonces
Till now / Hasta ahora

## Los colores / The Colors

Aguamarina / Aquamarine
Amarillo oscuro / Yellow ocre
Azabache / Jet-black
Canela / Cinnamon
Carmelita / Light brown
Carmín / Carmine, rouge lipstick
Claro / Light
Cobrizo / Coppery
Dorado / Golden
Gris / Grey
Marrón / Brown
Moreno / Brown
Negro / Black
Pálido / Pale, pallid
Plateado / Silver
Rojo / Red
Rosado / Pink, rosy
Trigueño / Coloured
Amarillo / Yellow
Arrebol / Rouge, red flush
Azul / Blue
Caoba / Mahogany
Carmesí / Crimson
Castaño / Brown
Claroscuro / Chiaroscuro
Colorado / Coloured, red
Ébano / Ebony
Lila / Lilac
Morado / Purple
Mulato / Cinnamon
Negruzco / Blackish
Pardo / Dark grey
Ocre / Ochre
Rojo oscuro / Maroon
Rojizo / Reddish
Verde / Green

## Puntos cardinales / Cardinal Points

Este, oriente / East
Norte / North
Sur / South
Occidente, oeste / West

# How

Significa CÓMO:
How are you? / ¿Cómo estás?
How is your baby? / ¿Cómo está tu bebé?
How did you do it? / ¿Cómo lo hiciste?

Cuando se trata de la estatura o la edad de una persona, animal o planta, o bien de las dimensiones de algo, HOW significa QUÉ:
How old is that tree? / ¿Cuántos años tiene ese árbol?
How old is the earth? / ¿Qué edad tiene la Tierra?
How old is your dog? / ¿Qué edad tiene su perro?
How old is your father? / ¿Qué edad tiene tu padre?
How tall is he? / ¿Qué tan alto es él?
How long is the bridge? / ¿Qué tan largo es el puente?

# What

Significa QUÉ:
What is this? / ¿Qué es esto?
What did she say? / ¿Qué dijo ella?
Cuando la frase expresa admiración, WHAT va seguida del artículo indefinido A:
What a pretty girl! / ¡Qué preciosa chica!
What a gorgeous day! / ¡Qué lindo día!
What a beautiful mountain! / ¡Qué hermosa montaña!

## When

Significa CUÁNDO:
When did you go to Barranquilla? / ¿Cuándo fuiste a Barrranquilla?
When did she arrive? / ¿Cuándo llegó ella?
When was that? / ¿Cuándo fue eso?
When is he going? / ¿Cuándo va él?
When may I come? / ¿Cuándo puedo venir?

## Where

Significa DÓNDE:
Where are your cousins? / ¿Dónde están tus primos?
Where is the lady? / ¿Dónde está la dama?
Where is my book? / ¿Dónde está mi libro?
Where are you from? / ¿De dónde eres tú?
Where is she from? / ¿De dónde es ella?
Where is the Himalaya? / ¿Dónde está el Himalaya?

## Which

Significa CUÁL (el cual, lo cual, la cual, cuales, los cuales, las cuales):
Which is oldest castle in England? / ¿Cuál es el castillo más antiguo de Inglaterra?
Which is my chair? / ¿Cuál es mi silla?
Which is my compact disc? / ¿Cuál es mi disco compacto?
Which is my key? / ¿Cuál es mi llave?

## Who

Significa QUIÉN, QUIÉNES y se refiere a personas:
Who do you want to go with? / ¿Con quién quieres ir?
Who is laughing? / ¿Quién está riendo?
Who is there? / ¿Quién está allá?
Who is that man? / ¿Quién es ese hombre?
Who did you study with? / ¿Con quién estudiaste?

## Whom

Tiene el mismo significado que WHO, pero se usa después de una preposición. El uso de WHOM es formal, pero WHO se usa informalmente en todas las situaciones:
With whom? / ¿Con quién?
With whom are you studying? / ¿Con quién estás estudiando?
To whom? / ¿A quién?
For whom? / ¿Para quién?
For whom is that soda? / ¿Para quién es esa soda?

## Whose

Significa de quién, de quiénes:
Whose is this radio? / ¿De quién es este radio?
Whose is this wire? / ¿De quién es este cable?
Whose is that car? / ¿De quién es ese automóvil?
Whose are those notebooks? / ¿De quién son esos cuadernos?

## Why, Because

POR QUÉ y PORQUE son sus equivalentes. La primera forma se usa para interrogar y la segunda normalmente para contestar:
Why are you lazy? / ¿Por qué eres perezoso?
Why is he sad? / ¿Por qué él está triste?
Why are you cooking? / ¿Por qué estás cocinando?
Why didn't you go? / ¿Por qué no fuiste?
I did it because my mother told me / Lo hice porque mi madre me dijo
Because he had no breakfast / Porque él no desayunó
Because I am hungry / Porque tengo hambre
Because they don't want to go / Porque ellos no quieren ir

## Preposiciones / Prepositions

**WITHOUT** / Sin
Do it without cheating / Hazlo sin hacer trampas
Minister without a portfolio / Ministro sin cartera
Without help / Sin ayuda
Totally without foundation / Sin fundamento alguno

**WITH** / Con
With her / Con ella
With us / Con nosotros
He is with his girlfriend / Él está con su novia
Do your job with care / Haz tu trabajo con cuidado
I go with you / Yo voy contigo
I stay with my friends / Yo me quedo con mis amigos

**UP** / Arriba
I am going up / Estoy subiendo
The elevator is going up / El elevador va subiendo
Take me up / Súbeme
Get up / Levántate
Face up / Boca arriba

**UNDER** / Debajo de, abajo de, bajo
The cat is under the bed / El gato está debajo de la cama
Their shoes are under the mattress / Los zapatos de ellos están debajo del colchón
The ants are under the rug / Las hormigas están debajo de la alfombra
The under-mentioned / Los abajo mencionados
Under the water / Bajo el agua

**TO** / A, hacia, hasta, para, con
To me / A mí
Don't compare me to him / No me compares con él
To you / A usted
He gave it to her / Él se lo dio a ella
I will go to Egypt / Yo iré a Egipto
Move a little to the left / Córrete un poco hacia la izquierda
The kid can't count to 100 / El chico no sabe contar hasta 100
To Helen with love from Menelaos / Para Helena con cariño de Menelao

**THROUGH** / A través de, atravesar
We made a journey through Jamaica / Nosotros hicimos un viaje a través de Jamaica
Look through the window / Mirar a través de la ventana
I enjoyed walking through Tokyo / Yo disfruté caminando a través de Tokio

We drove through the Andes / Nosotros atravesamos en coche los Andes

**OVER** / Sobre, encima
Put the cloth over the table / Pon la tela sobre la mesa
Help me over the fence / Ayúdame a saltar la valla
To have control over somebody / Tener control sobre alguien
The bridge over the Yellow river / El puente sobre el río Amarillo
Overhead / Por encima

**OUT** / Afuera, fuera, atrás
They are out / Ellos están afuera
Take it out / Llévalo afuera
To eat out / Comer fuera
Back out / Echarse atrás

**ON** / En, sobre, de
The salt is on the counter / La sal está sobre el mostrador
Put it on the chair / Ponlo en la silla
On foot / De pie
From now on / De ahora en adelante
On line / En línea, conectado

**OFF** es una partícula que unida a un verbo varía su significado
Get off the train! / ¡Bájate del tren!
Take off your jacket! / ¡Quítate la chaqueta!
She took off her shoes / Ella se quitó los zapatos
To be off / Apagado
A day off / Un día libre
Cuando se refiere a alimentos dañados, se utiliza OFF:
This milk is off / Esta leche está dañada

Igualmente, cuando alguien no se siente bien:
I'm feeling a bit off / Me siento un poco mal

**OF** es el equivalente de la preposición "de" en castellano:
It is made of iron / Está hecho de hierro
A girl of nineteen / Una chica de diecinueve años
Five of them died / Cinco de ellos murieron

**IN** / En, dentro de:
The soap is in the bathroom / El jabón está en el baño
He is in Rwanda / Él está en Ruanda
She is in my house / Ella está en mi casa
I'll see you in a week / Te veo dentro de una semana

**FROM** / De, desde:
From Ottawa to Puerto Príncipe / De Ottawa a Puerto Príncipe
From the beginning / Desde el principio
The flight from Santo Domingo / El vuelo procedente de Santo Domingo
I came from Acapulco / Yo vine de Acapulco
I'm from Patagonia / Yo soy de Patagonia

**FOR** / Para, por:
For them / Para ellos
For us / Para nosotros
I did it for you / Lo hice por ti
He left her for somebody else / Él la dejó por otra
The park is for everybody / El parque es para todos
I bought the pen for 2.00 USD / Compré el bolígrafo por $2
She said that it is for you / Ella dijo que eso era para usted

**DOWN** / Abajo:
She is down in the basement / Ella está abajo en el sótano

They went down / Ellos bajaron
To go down / Bajar
Face down / Boca abajo

**BY** / Por, de, cerca de:
*The Prince,* written by N. Machiavelli / *El Príncipe,* escrito por N. Maquiavelo
To travel by train / Viajar por tren
His office is by the stairs / Su oficina está al lado de las escaleras
Put the television by my bed / Pon el televisor al lado de mi cama
By you / Cerca de ti
By him / Cerca de él
By us / Cerca de nosotros

**BETWEEN** / Entre, en medio (se usa sólo para dos elementos)
It was between four and five / Esto fue entre las cuatro y las cinco
He is between us / Él está en medio de nosotros dos
Between the sword and the wall / Entre la espada y la pared
The distance between Ushuaia and Hammerfest / La distancia entre Ushuaia y Hammerfest
Between the earth and the sun / En medio de la Tierra y el Sol
Between ourselves / Entre nosotros
Between the lines / Entre líneas

**BEFORE** / Antes de, delante de, anterior
There is another train before us / Hay otro tren delante de nosotros
That happened before New Year / Eso pasó antes de Año Nuevo

The defendant is before the judge / El demandado está delante del juez
She is before me / Ella está antes de mí
The day before / El día anterior
Before going in / Antes de entrar

**AT** / A, en
She smiled at me / Ella me sonrió a mí
At the airport / En el aeropuerto
Call me at home / Llámame a casa
At twelve o'clock / A las doce en punto
At Christmas / En Navidad

**AMONG** / Entre (cuando se refiere a más de dos personas o cosas)
The receipt is among those papers / El recibo está entre esos papeles
The murderer is among those people / El asesino está entre esa gente
I'm among friends / Estoy entre amigos

**AFTER** / Después de, tras, detrás de
Everybody goes home after twelve / Todo el mundo se va a casa después de las doce
It's just after midnight / Son apenas las doce pasadas
We go after breakfast / Nosotros vamos después del desayuno
The day after tomorrow / Pasado mañana
Soon after / Poco después
Chase after girls / Andar detrás de las chicas
After years of waiting / Tras largos años de espera
The policeman was after her / El policía iba tras ella

**ABOUT** / Alrededor de, acerca de, sobre
I have news about your friend / Tengo noticias de tu amigo
It was about eight in the morning / Eso fue alrededor de las ocho de la mañana
About a year ago / Hace alrededor de un año
What's the movie about? / ¿Acerca de qué trata la película?
A book about South America / Un libro sobre Sudamérica

**ACCORDING** / Según, de acuerdo con
According to the law / Según la ley
Make according to the drawing / Hacer de acuerdo con el dibujo
Play according to the rules / Jugar de acuerdo con las reglas

## There is / Hay

There is a fly in my soup / Hay una mosca en mi sopa
There is a hitch / Hay un contratiempo

## There are / Hay

There are many conspiracy theories / Hay muchas teorías sobre conspiración
There are many homeless in the cities / Hay muchos desamparados en las ciudades

## There is not / No hay

There is not a chance that we win / No hay posibilidad de que ganemos

There is not a single ugly girl here / No hay ni una chica fea aquí

## There is no / No hay

There is no bread in the shop / No hay pan en la tienda
There is no reason to be angry / No hay motivo para estar enojado

## There are no / No hay

There are no pens on the desk / No hay bolígrafos sobre el escritorio
There are no reasons to doubt this theory / No hay razón para dudar de esta teoría

## Is there? / ¿Hay?

Is there a doctor on this plane? / ¿Hay un doctor en este avión?
Is there anything to do? / ¿Hay algo para hacer?

## Are there? / ¿Hay?

Are there tigers in the zoo? / ¿Hay tigres en el zoológico?
Are there any dogs here? / ¿Hay perros aquí?

## Is there no? / ¿No hay?

Is there no way out of here? / ¿No hay salida de aquí?
Is there no money in your wallet? / ¿No hay dinero en tu cartera?

## Are there no? / ¿No hay?

Are there no toilets on this plane? / ¿No hay inodoro en este avión?
Are there no laws against this crime? / ¿No hay leyes contra este crimen?

## There was / Había, hubo

There was a tiger in the zoo / Había un tigre en el zoológico
There was a bicycle in the garage / Había una bicicleta en el garaje

## There were / Había, hubo

There were many people at the party / Hubo mucha gente en la fiesta
There were reports of looting / Hubo denuncias de saqueos

## There was no / No había, no hubo

There was no teacher in the school / No hubo ningún profesor en la escuela

There was no answer to the question / No hubo respuesta a la pregunta
There was no man to help her / No había un hombre para ayudarla

## There was not / No hubo, no había

There was not a clue in the investigation / No había una pista en la investigación
There was not much budget / No había mucho presupuesto
There was not a single lady / No había ni una dama

## There were no / No hubo, no había

There were no disagreements / No hubo desacuerdos
There were no people in the church / No había gente en la iglesia

## Was there? / ¿Hubo? ¿Había?

Was there any cake at the party? / ¿Había torta en la fiesta?
Was there any problem? / ¿Hubo algún problema?

## Were there? / ¿Hubo? ¿Había?

Were there any women at the party? / ¿Había mujeres en la fiesta?
Were there a lot of partygoers? / ¿Había muchos juerguistas?

## Was there no? / ¿No hubo? ¿No había?

Was there no champagne? / ¿No había champaña?
Was there no problem to get in? / ¿No hubo problema para entrar?

## Were there no? / ¿No hubo? ¿No había?

Were there no champagne glasses? / ¿No había vasos de champaña?
Were there no girls? / ¿No había chicas?
Were there no ducks? / ¿No había patos?

## There will be / Habrá

There will be a meeting next Tuesday / Habrá una reunión el próximo martes
There will be many people / Habrá mucha gente

## There will not be / No habrá

There will not be a meeting on Wednesday / No habrá reunión el miércoles
There will not be another World War / No habrá otra guerra mundial

## Will there be? / ¿Habrá?

Will there be a Christmas party tomorrow? / ¿Habrá fiesta de Navidad mañana?
Will there be another seaquake? / ¿Habrá otro maremoto?

## Will there not be? / ¿No habrá?

Will there not be any men at the party? / ¿No habrá ningún hombre en la fiesta?
Will there not be anything to do? / ¿No habrá algo para hacer?

## Than

Significa QUE en frases comparativas:
He is taller than me / Él es más alto que yo
I am poorer than anybody / Yo soy más pobre que cualquiera
Today is better than yesterday / Hoy es mejor que ayer
She came earlier than usual / Ella vino más temprano que de costumbre

## To the, at the, of the / Al, del

OF THE: **DEL**
AT THE, TO THE: **AL**
The house of the President / La casa **del** presidente
The road to the sea / El camino **al** mar
I'm going to the forest / Me voy **al** bosque
At the end of the year / **Al** final **del** año

# Uso de las contracciones inglesas / Use of English Contractions

**They're** brothers / Ellos son hermanos
**Aren't** they? / ¿No son ellos?
**We're** ready / Nosotros estamos listos
They **weren't** in the beauty salon / Ellas no estaban en el salón de belleza
**He's** been in China / Él ha estado en China
She **hasn't** decided yet / Ella no ha decidido aún
It **wasn't** easy / No fue fácil
**He's** a nice guy / Él es un tipo amable
**I've** been there / Yo he estado allí
**I'm** leaving soon / Yo me voy pronto
We **don't** know anything / Nosotros no sabemos nada
**We'd** work hard / Nosotros trabajaríamos duro
We **shouldn't** work hard / Nosotros no deberíamos trabajar duro
**I'd** help you, but I can't / Te ayudaría pero no puedo
**I'd** planned a party at home / Yo había planeado una fiesta en casa
You **wouldn't** let me go / Tú no me dejarías ir
I **can't** see anything / No puedo ver nada
I **couldn't** see them / No pude verlos
You **mustn't** watch television / No debes ver televisión
He **mustn't** drink beer / Él no debe tomar cerveza
I **haven't** a clue / No tengo idea
I **haven't** forgotten you / No te he olvidado
She **hadn't** a toy / Ella no tenía un juguete
You **didn't** talk / Tú no hablaste
It **doesn't** matter / Eso no importa
**It's** your turn / Es tu turno
**I'll** be there tomorrow / Allí estaré mañana

**She'll** go to Valparaiso on Sunday / Ella irá a Valparaíso el domingo
They **won't** go after tomorrow / Ellos no van a ir pasado mañana
We **won't** play on Friday / Nosotros no jugaremos el viernes
She **oughtn't** to say that / Ella no debería decir eso

## Números cardinales / Cardinal Numbers

| 0 Zero | 14 Fourteen |
| 1 One | 15 Fifteen |
| 2 Two | 16 Sixteen |
| 3 Three | 17 Seventeen |
| 4 Four | 18 Eighteen |
| 5 Five | 19 Nineteen |
| 6 Six | 20 Twenty |
| 7 Seven | 21 Twenty-one |
| 8 Eight | 22 Twenty-two |
| 9 Nine | 30 Thirty |
| 10 Ten | 40 Forty |
| 11 Eleven | 50 Fifty |
| 12 Twelve | 99 Ninety-nine |
| 13 Thirteen | 100 One hundred |

| 101 | One hundred and one |
| 110 | One hundred and ten |
| 190 | One hundred and ninety |
| 195 | One hundred and ninety-five |
| 200 | Two hundred |
| 201 | Two hundred and one |
| 251 | Two hundred and fifty-one |

| | |
|---|---|
| 888 | Eight hundred eighty-eight |
| 1.000 | One thousand |
| 1.005 | One thousand and five |
| 1.177 | One thousand one hundred and seventy-seven |
| 5.000 | Five thousand |
| 90.000 | Ninety thousand |
| 500.000 | Five hundred thousand |
| 1.000.000 | One million |

## Números ordinales / Ordinal Numbers

| | | |
|---|---|---|
| 1 | First | Primer, primero, primera |
| 2 | Second | Segundo, da |
| 3 | Third | Tercer, tercero, ra |
| 4 | Fourth | Cuarto, ta |
| 5 | Fifth | Quinto, ta |
| 6 | Sixth | Sexto, ta |
| 7 | Seventh | Séptimo, ma |
| 8 | Eighth | Octavo, va |
| 9 | Ninth | Noveno, na |
| 10 | Tenth | Décimo, ma |
| 11 | Eleventh | Undécimo, ma |
| 12 | Twelfth | Duodécimo, ma |

## Verbos terminados en -ar / Verbs Ending in -ar

A
Abogar / To plead
Abotonar / To button
Aforar / To measure

Aguantar / To bear, to endure, to stand, to put up [with]
Atracar / To hold up
Arrancar / To start
Ahogar / To drown
Anunciar / To announce, to proclaim
Ahondar / To deepen
Arrugar / To wrinkle, to knit, to crumple, screw up, ruck up
Apagar / To extinguish, to quench
Alebrestar / To get somebody excited, to stir somebody up
Alegrar / To cheer up, to make happy
Alumbrar / To light, to illuminate
Arañar / To scratch
Arrear / To rustle
Arriar / To lower, to haul down
Asesinar / To assassinate, to murder
Arreglar / To fix, to arrange, to settle
Atinar / To be right
Asaltar / To attack, to assail
Aspirar / To aspire
Aplicar / To apply, to put into practice
Ajustar / To adjust
Acabar / To finish, to complete, to conclude
Amar / To love
Agarrar / To grasp
Arrullar / To lull
Arrestar / To arrest
Arrimar / To move nearer, move closer
Arrumar / To pile up
Asomar / To show, to stick out, to appear
Asustar / To frighten, scare
Abuchear / To boo
Almacenar / To store, to save
Ahorrar / To save
Aplazar / To postpone

Anhelar / To be eager for
Aupar / To pick up
Anotar / To make a note of, note down
Asar / To roast, to broil
Arruinar / To ruin
Apelar / To appeal
Apuntar / To point out, register, put down
Arrecharse / To get horny, to get mad
Arruncharse / To curl up, roll up
Achicar / To make smaller, to shorten
Acosar / To hound, to harass
Achacar / To attribute
Achicharrar / To scorch, to burn
Anotar / To make a note of, note down
Anudar / To knot
Anular / To annul
Archivar / To file
Atrasar / To devastate

B
Balar / To bleat
Besar / To kiss
Brillar / To shine
Botar / To throw
Brincar / To jump, to skip
Bailar / To dance
Bramar / To bellow, to roar
Bregar / To fight, to struggle, to work hard, to knead
Birlar / To take away, to swindle, cheat
Borrar / To rub out, to erase
Bostezar / To yawn
Burlar / To evade, to get around
Burlarse / To mock, to make fun

## C
Cantar / To sing
Cazar / To hunt
Colgar / To hang
Cocinar / To cook
Congelar / To freeze
Caminar / To walk
Costar / To cost
Clausurar / To close
Clavar / To hammer, to nail, to drive
Culpar / To blame, to accuse
Criticar / To criticize
Cagar / To crap, to shit
Comenzar / To begin, to start, to commence
Chupar / To suck
Cuidar / To take care of, to look after
Cargar / To load
Colar / To strain, to filter
Consignar / To register, to deposit, to record, to assign, to dispatch
Contaminar / To contaminate, to pollute
Comprar / To buy
Cortar / To cut
Chingar / To drink a lot, to dock, to fuck
Chorrear / To gush
Coquetear / To flirt
Coser / To sew, to stitch
Culear / To fuck, to screw
Curar / To cure, to treat
Contar / To count, to reckon, to relate, to number
Chismosear / To gossip, to tell tales, to spread scandal
Chuzar / To prick, to sting, to hurt
Chequear / To check
Cotorrear / To babble, chatter

Contagiar / To pass on, infect
Completar / To complete, fill out, fill in

## D
Despejar / To clear
Dedicar / To dedicate, to illuminate
Desear / To wish, to want
Desencadenar / To unchain
Desencajar / To disjoint
Demandar / To sue, to demand, to request, to ask for
Desnudar / To undress, to strip off
Derramar / To spill, to weep, to shed, to spread, to scatter
Defecar / To defecate
Delatar / To denounce, to accuse
Disparar / To shoot
Doblar / To bend, to turn
Deslizar / To slide
Dibujar / To draw
Dudar / To doubt, to hesitate
Despejar / To unglue, to separate, to clear, to clear up
Desnivelar / To make uneven or unequal
Despotricar / To talk inconsiderately
Despistar / To mislead, to turn from the right trail, to put off the scent, to throw off the track, to confuse
Descojonarse / To die laughing
Descogotar / To kill a beast by one blow on the nape
Descorchar / To uncork
Descompensar / To unbalance
Descuidar / To neglect
Desdoblar / To unfold, to spread open
Desdibujar / To blur, to fade away
Descolgar / To take down
Desplumar / To deplume, to pluck, to strip off feathers
Descodificar / To decode

Descocar / To clean, to clear trees of insects, to be impudent
Despreciar / To depreciate, to despise, to scorn
Dilatar / To dilate, to widen, to expand, to put off, to take long, to be long
Depositar / To deposit, to place
Despertar / To wake
Descansar / To rest, to lean, to rely on
Dar / To give
Descuartizar / To carve up, to quarter, to dismember
Despilfarrar / To waste, to squander
Desplegar / To display, to show, to manifest, to unfold
Desplazar / To replace, to displace, to move, to shift
Derramar / To pour, to abandon oneself to sensual pleasures, to spill
Derribar / To demolish
Derrochar / To waste
Derogar / To derogate, to abolish
Desafiar / To challenge, to defy
Desarraigar / To uproot
Desvirtuar / To spoil, to distort
Desviar / To divert, to evade
Detestar / To detest
Desestimar / To disregard
Desvirgar / To deflower
Desherbar / To pluck up herbs, to weed, to grub
Difamar / To defame, to slander
Drogar / To drug

E
Echar / To pour
Elevar / To raise, to climb, rise, increase
Escuchar / To listen
Endiosar / To deify
Endosar / To endorse

Evocar / To evoke
Ensuciar / To stain, to dirty, to soil, to foul
Engañar / To deceive, to cheat
Estudiar / To study
Estropear / To spoil
Espichar / To prick
Estorbar / To hinder, to impede, to obstruct
Empezar / To begin, to start
Esquiar / To ski
Entregar / To deliver
Enviar / To send
Examinar / To examine, to test
Estafar / To swindle, to defraud
Escaldar / To blanch, to scald
Empañar / To swaddle, to dim, to blur, to dull
Exterminar / To exterminate
Emancipar / To emancipate
Emular / To emulate
Estimular / To encourage, to stimulate
Engendrar / To conceive, to give rise to
Eliminar / To remove, to eliminate
Evolucionar / To evolve, to change
Escoltar / To escort
Envidiar / To envy
Enseñar / To teach
Explicar / To explain
Excitar / To excite, to arouse
Estar / To be
Estornudar / To sneeze
Empacar / To bale, to pack

F
Fregar / To mop, to wash, to scrub, to annoy
Fastidiar / To annoy
Fijar / To set
Forrar / To line, to pack, to upholster
Faltar / To lack
Fallar / To fail
Flirtear / To flirt
Falsificar / To falsify
Farolear / To strut, to make an ostentations parade
Fornicar / To fornicate

G
Galopar / To gallop
Gastar / To spend
Guindar / To hang up
Gemir / To groan, to moan
Golpear / To strike, to knock
Ganar / To gain, to earn, to win
Grabar / To engrave, to record
Guiñar / To wink
Guisar / To stew
Gozar / To enjoy

H
Hablar / To speak, to talk
Hartar / To be satiated
Hurgar / To rummage, to poke, to jab, to rake
Halar / To pull
Hurtar / To steal
Helar / To freeze
Hornear / To bake
Hostigar / To harass
Husmear / To follow the scent of, to track, to sniff out

I
Impulsar / To impel, to actuate
Insinuar / To insinuate, to hint, to suggest
Imperar / To reign, to rule
Imaginar / To imagine
Invocar / To invoke
Implorar / To implore
Intrigar / To intrigue
Investigar / To investigate, to research
Invitar / To invite
Inculcar / To instill

J
Jugar / To play
Jalar / To pull
Jurar / To swear
Juzgar / To try, to judge
Jalonar / To stake out, to mark out, to mark
Jinetear / To ride on horseback
Jubilar / To retire

L
Lavar / To wash
Lanzar / To throw, to hurl, to launch
Levantar / To lift, to erect, to put up, to pick up, to raise, to elevate
Llamar / To call
Luchar / To struggle, to fight
Lograr / To achieve, to get, to obtain
Libar / To drink, to imbibe
Lidiar / To struggle with, to oppose, to face
Limitar / To limit, to restrict, to define
Llevar / To take, to carry, to wear
Llenar / To fill, to cover

Lloviznar / To drizzle
Limpiar / To clean
Llegar / To arrive, to come
Lubricar / To lubricate, to oil, to grease

M
Madrugar / To get up early, to forestall
Manejar / To handle, to run
Marcar / To mark, to brand
Matar / To kill, to slay, to murder
Manchar / To spot
Mamar / To suck
Mandar / To command
Mascar / To chew
Masticar / To chew
Masturbarse / To masturbate
Mear / To piss
Meditar / To meditate
Mendigar / To beg
Mirar / To look
Molestar / To annoy, to bother
Mojar / To wet
Montar / To ride, to get on
Menospreciar / To scorn, to disdain, to underestimate

N
Nadar / To swing
Navegar / To sail
Nacionalizar / To nationalize
Nevar / To snow
Nominar / To name
Nombrar / To name, to appoint
Notar / To notice
Negar / To deny

Necesitar / To need
Numerar / To number

O
Olfatear / To smell, to sniff, to scent
Obligar / To force, to oblige
Osar / To dare
Olvidar / To forget
Odiar / To hate
Orinar / To urinate
Operar / To operate
Ovular / To ovulate
Ostentar / To hold, to flaunt

P
Pactar / To strike a deal
Pagar / To pay
Parir / To give birth to
Pasar / To pass
Patinar / To skate
Pasear / To walk
Pecar / To sin
Pelar / To peel, to pluck
Pelear / To fight
Penetrar / To penetrate
Pensar / To think
Perdonar / To forgive
Pescar / To fish
Pintar / To paint
Pisar / To step on, to tread on, to trample on
Planchar / To iron
Pegar / To stick, to hit, to beat
Posar / To put down, to pose
Preparar / To prepare

Principiar / To begin, to start
Probar / To prove, to test, to try, to show
Pulsar / To click
Putear / To screw, to go whoring

Q
Quebrar / To break
Quejarse / To complain
Quemar / To burn
Quitar / To remove, to take off

R
Rastrear / To track, to trace, to comb, to search
Rozar / To brush, to rub
Rasurar / To shave
Rebanar / To slice
Rebañar / To scrape up
Recabar / To gather, to obtain, to collect, to raise money
Recalcar / To emphasize, to stress
Recargar / To recharge, to overload
Reciclar / To recycle, to retrain
Reclamar / To claim, to demand
Remojar / To soak, to steep, to deep, to dunk
Resfriar / To cool
Regar / To water, to irrigate
Rasgar / To tear
Rayar / To line, to scratch
Remar / To row
Repasar / To repass, to pursue the same course, to re-examine
Resollar / To respire
Respirar / To breath
Recomendar / To recommend
Rezar / To pray

Reclutar / To recruit
Revisar / To revise, to look over, to check, to review
Revocar / To revoke, to repeal
Retoñar / To sprout, to reoccur
Recordar / To remember, to remind
Rasgar / To tear
Robar / To steal
Resbalar / To slide
Renunciar / To resign, to give up, to quit
Regañar / To scold
Regalar / To give
Refregar / To rub, to brush
Reseñar / To review, to describe
Resignar / To resign, to resign oneself to
Rogar / To implore, to entreat, to crave
Roncar / To snore

S
Saltar / To jump
Secuestrar / To kidnap, to abduct
Silbar / To whistle, to blow
Simular / To simulate, to feign
Sincronizar / To synchronize
Sintonizar / To syntonize, to tune, to synchronize
Suspirar / To sigh
Secar / To dry
Sembrar / To sow, to scatter seed
Semejar / To be like, to resemble
Señalar / To set
Soplar / To blow
Sudar / To sweat
Sonar / To sound
Soñar / To dream
Sonrojar / To make one blush with shame, to flush

Sumar / To add
Suspirar / To sigh
Susurrar / To whisper
Suturar / To suture, to stitch

T
Tachar / To censure, to tax, to cross out
Tapar / To cover, to put the lid on, to block up
Trazar / To plan, to design
Telefonear / To telephone, to phone
Tomar / To take, to accept, to get, to capture, to seize, to occupy, to drink
Timbrar / To ring
Tostar / To toast, to roast
Trasnochar / To stay up late, to have a sleepless night
Trastocar / To switch over, to change round, to reverse, to invert, to change
Trozar / To cut up, to cut in pieces
Tronar / To thunder
Temblar / To tremble, to shake
Terminar / To end, to conclude, to finish
Tirar / To throw, to pull
Titubear / To totter, to stagger, to reel, to be unstable
Trabajar / To work
Tocar / To touch, to play
Trotar / To trot, to travel about, to chase around here and there
Tumbar / To tumble, to throw down

U
Ufanarse / To boast about, to pride oneself on
Ulcerar / To ulcerate
Ultimar / To complete, to finish, to finalize, to kill
Uniformar / To standardize, to make uniform
Untar / To annoint, to smear, to grease, to bribe

Usar / To use, to wear
Utilizar / To use, to utilize

V
Velar / To watch
Vigilar / To watch
Viajar / To travel
Votar / To vote
Violar / To violate, to rape
Vislumbrar / To glimpse, to make out
Vomitar / To vomit, to foam
Vociferar / To shout, to vociferate

Z
Zarpar / To set sail
Zumbar / To hum, to whirr, to buzz
Zozobrar / To founder, to capsize

## Verbos terminados en -er / Verbs ending in -er

A
Aborrecer / To detest, to loathe
Absolver / To absolve
Absorber / To absorb
Acometer / To undertake, to attack
Aprender / To learn
Atender / To deal with, to serve, to respond, to answer
Arremeter / To attack

B
Barrer / To sweep
Beber / To drink

C
Caber / To fit
Ceder / To hang over, to yield, to cede
Cocer / To cook
Comer / To eat
Cometer / To commit
Comprender / To comprise, to include, to take in, to understand
Comprometer / To compromise, to implicate, to involve
Conceder / To concede, to grant, to confer
Conocer / To know
Contener / To contain
Convencer / To convince, to persuade
Coger / To seize, to grasp, to catch, to take, to fuck
Correr / To run
Corromper / To rot, to corrupt
Coser / To sew, to stitch
Crecer / To grow
Creer / To believe
Complacer / To indulge

D
Deber / To owe, to ought
Defender / To defend
Desatender / To neglect
Desfallecer / To weaken, to faint
Desprender / To give off, to shed, to detach, to undo
Detener / To stop, to arrest, to detain
Doler / To hurt, to ache, to grieve

E
Enloquecer / To drive mad, to drive crazy
Emerger / To emerge, to surface
Empequeñecer / To make smaller, to belittle, to diminish
Emprender / To undertake, to begin on
Empobrecer / To impoverish, to become poor
Encender / To light
Enflaquecer / To make thin
Entender / To understand, to comprehend
Entrever / To make out, to guess, to glimpse
Entretener / To entertain, to distract
Envilecer / To debase, to degrade
Escoger / To choose, to select
Establecer / To establish, to set up, to found
Extender / To extend, to expand

F
Fallecer / To pass away, to die, to expire
Fenecer / To pass away, to die
Florecer / To flower, to bloom, to flourish, to blossom

H
Haber / To have
Hacer / To do, to make
Hender / To crack, to cleave

J
Joder / To fuck, to screw, to piss off

L
Lamer / To lick
Lamber / To fawn, to toady, to suck
Leer / To read
Llover / To rain

## M
Mantener / To hold up, to maintain
Mecer / To swing
Merecer / To deserve, to be worthy of
Meter / To put, to place, to insert
Moler / To grind
Morder / To bite

## N
Nacer / To be born, to hatch

## O
Obedecer / To obey
Ofender / To offend
Ofrecer / To offer
Oler / To smell

## P
Pacer / To graze
Padecer / To suffer
Palidecer / To turn pale
Perder / To lose, to waste
Perecer / To perish, to die
Prender / To capture, to arrest, to pin, to attach, to stick, to catch, to fasten
Prever / To foresee, to anticipate
Poner / To put, to place
Prometer / To promise
Propender / To tend towards, to incline
Proteger / To protect

## Q
Querer / To love, to like, to want, to wish

## R
Reconocer / To recognize, to identify
Recoger / To retake, take back, to pick up, to collect
Rejuvenecer / To rejuvenate
Resolver / To resolve, to settle, to decide, to make up one's mind
Resplandecer / To shine, to gleam, to blaze
Retener / To retain, to deduct
Retorcer / To twist, to wring
Romper / To break
Retorcer / To twist, to distort

## S
Saber / To know
Satisfacer / To satisfy, to indulge
Ser / To be
Sorber / To sip, to suck up

## T
Tañer / To play, ring out
Tejer / To weave
Temer / To fear
Tender / To stretch, to extend, to make the bed
Tener / To have
Torcer / To twist, to turn, to sprain, to bend, to wrench, to warp
Toser / To cough

## V
Valer / To be worth, to cost, to be priced at
Vencer / To defeat
Vender / To sell
Ver / To see
Verter / To spill out, to fall out

Volver / To come back

Y
Yacer / To lie

## Verbos terminados en -ir / Verbs Ending in -ir

A
Abrir / To open
Abolir / To abolish, to cancel
Aburrir / To annoy, to be bored
Acudir / To come, to come up
Advertir / To notice
Afligir / To afflict, to grieve
Agredir / To attack, to assault
Aludir / To allude, to mention
Añadir / To increase, to add
Asistir / To attend
Asir / To seize, to grasp
Asumir / To assume
Atribuir / To attribute

B
Batir / To whisk, to beat
Balbucir / To stammer
Bendecir / To bless
Blandir / To brandish, to wave
Bullir / To boil, to bustle

C
Cohibir / To restrain

Combatir / To combat
Compartir / To divide, to share
Concebir / To conceive, to become pregnant
Concluir / To conclude, to finish
Concurrir / To meet, to concur
Conducir / To direct, to drive
Conferir / To award, to confer
Confundir / To blur, to confuse
Conseguir / To get, to obtain
Consentir / To consent
Constreñir / To restrict, to compel
Construir / To construct, to build
Consumir / To consume, to submerge
Contribuir / To contribute
Corregir / To correct, to revise
Convenir / To agree
Convertir / To convert, to transform
Convivir / To live together
Cubrir / To cover, to protect
Cumplir / To carry out, to obey, to fulfill
Cundir / To spread
Curtir / To tan

D
Debatir / To debate, to discuss
Decidir / To decide, to persuade
Decir / To say, to tell
Deducir / To deduce, to infer
Definir / To define, to determine
Derretir / To melt, to liquefy
Describir / To describe
Desleír / To dilute, to dissolve
Desteñir / To fade, to discolour
Destruir / To destroy, to wreck, to ruin

Diferir / To postpone, to put off, to differ
Difundir / To diffuse, to spread
Digerir / To digest, to swallow
Diluir / To dilute
Dirigir / To direct, to manage
Discernir / To discern, to appoint
Discurrir / To invent, to roam
Discutir / To discuss, to debate
Distinguir / To resolve, to annul, to dissolve
Distribuir / To distribute, to spread, to deliver
Disuadir / To dissuade
Dividir / To divide, to separate
Dormir / To sleep

E
Elegir / To choose, to elect
Eludir / To elude, to evade
Embestir / To assault, to attack
Embutir / To stuff, to pack, to tight, to cram
Encubrir / To conceal, to cover up
Emitir / To emit, to broadcast
Engullir / To gobble, wolf down
Escribir / To write
Esculpir / To sculpt, to carve
Escupir / To spit
Escurrir / To wring
Esparcir / To spread
Evadir / To evade, to avoid
Exigir / To exact, to demand
Existir / To exist
Expandir / To expand
Expedir / To send, to issue
Exprimir / To squeeze, to exploit

F
Fingir / To sham, to simulate
Fruncir / To contract, to pleat
Fungir / To act
Fundir / To melt, to merge

G
Gañir / To yelp, to croak
Gemir / To groan, to moan
Gruñir / To grunt, to snarl

H
Hendir / To crack, to cleave
Herir / To injure, to hurt
Huir / To escape, to elope
Hundir / To sink, to submerge

I
Impedir / To impede, to obstruct
Incluir / To include, to comprise
Inducir / To induce, to infer
Influir / To influence
Infringir / To infringe, to contravene
Infundir / To instill, to inspire
Ingerir / To swallow, to ingest
Insistir / To insist, to persist
Intervenir / To supervise, to intervene
Introducir / To put, to place, to introduce, to insert, to input, to enter
Invertir / To invert
Ir / To go

L
Latir / To beat
Lucir / To illuminate, to look
Ludir / To rub

M
Maldecir / To curse, to loathe
Medir / To measure, to try on
Mentir / To lie, to feign
Morir / To die
Mugir / To moo, to bellow
Mullir / To soften

O
Obstruir / To obstruct, to block
Oír / To hear, to listen
Omitir / To omit, to miss out

P
Parir / To give birth to
Partir / To split, to crack
Pedir / To ask, to request
Percibir / To perceive
Pervertir / To pervert
Predecir / To predict
Preferir / To prefer
Presentir / To predict
Prevenir / To warn, to prevent
Proferir / To pronounce, to utter
Perseguir / To pursue, to hunt, to chase
Prohibir / To forbid, to ban
Pudrir / To rot
Pulir / To polish

## R
Recibir / To receive, to get
Recurrir / To appeal to someone
Reducir / To reduce
Referir / To relate, to refer
Regir / To govern, to rule
Reír / To laugh
Remitir / To remit, to refer
Rendir / To produce, to bear, to exhaust, to pay tribute to
Reñir / To quarrel
Repartir / To distribute
Repercutir / To rebound
Reprimir / To repress
Reproducir / To reproduce
Resistir / To resist, to oppose
Restituir / To return, to refund
Restringir / To restrict, to limit
Resumir / To sum up
Retribuir / To repay
Revivir / To revive
Rugir / To roar

## S
Seducir / To seduce
Seguir / To follow, to continue
Sentir / To feel
Servir / To serve
Sobrevivir / To survive
Sonreír / To smile
Subir / To go up, to ascend
Subsistir / To subsist
Surgir / To spring, to arise

## T
Tañer / To play, to ring out
Teñir / To stain
Transigir / To settle, to compromise
Tullir / To cripple, to paralyze

## U
Uncir / To yoke
Ungir / To anoint
Unir / To unite, to join
Urdir / To plot, to forge
Urgir / To be urgent, to be pressing

## V
Venir / To come, to arrive
Vestir / To dress, to attire
Vivir / To live

## Z
Zaherir / To insult
Zambullirse / To duck, to dive underwater

# Formas negativas / Negative Forms

| | |
|---|---|
| Jamás, nunca | Never |
| Nada | Nothing |
| Tampoco | Neither |
| Nadie | No one, nobody |
| Ninguno, a | None |
| Ni… ni | Neither… nor |

## Formas afirmativas / Affirmative Forms

| | |
|---|---|
| Siempre | Always |
| Algo | Something |
| También | Also, too |
| Alguien | Someone, somebody |
| Alguno, -a | Some |
| O... o | Either... or |

## Opuestos / Opposites

| | |
|---|---|
| North / Norte | South / Sur |
| Black / Negro | White / Blanco |
| Public / Público | Private / Privado |
| War / Guerra | Peace / Paz |
| Liquid / Líquido | Solid / Sólido |
| There / Allá | Here / Aquí, acá |
| East / Este, Oriente | West / Oeste, occidente |
| Up / Arriba | Down / Abajo |
| Man / Hombre | Woman / Mujer |
| Young / Joven | Old / Viejo |
| First / Primer, primero | Last / Último |
| Good / Bueno | Bad / Malo |
| Left / Izquierdo | Right / Derecho |
| Drunk / Borracho | Sober / Sobrio |
| Day / Día | Night / Noche |
| Fat / Gordo | Skinny / Flaco |
| Wet / Mojado | Dry / Seco |

# Vocabulario / Vocabulary

A
abeja / bee
abogado, da / attorney, lawyer
aborto / abortion
abultado / bulky
academia / academy
acera / sidewalk
actriz / actress
adagio, dicho / adage
adolescente / teenager
adverbio / adverb
adjetivo / adjective
afeminado / effeminate
agnosticismo / agnosticism
aguardiente / brandy, liquor
aire / air
ajedrez / chess
armario, ropero / wardrobe
albañil / bricklayer, mason
alcalde / mayor
alemán, na / German
alférez / second lieutenant
alfombra / carpet, rug
alguacil / sheriff, bailiff
almacén / store
almirante / admiral
almuerzo / lunch
amanecer / dawn, daybreak
amarillismo / sensationalist journalism
americano, na / American, a native or inhabitant of America
amor / love
anarquía / anarchy

anarquista / anarchist
anteayer, antier / The day before yesterday
antecámara / lobby, antechamber, anteroom
antipático / displeasing, disagreeable
andamio / scaffolding
andén / sidewalk
anglicano,na / Anglican, Episcopalian
angoleño, ña / Angolan
antónimo / antonym
apodo / moniker
araña / spider
arena / sand
ascensor / elevator
ascensorista / elevator operator
africano, na / African
agua / water
albanés, sa / Albanian
albedrío / free will, whim
alberca / cistern, tank, reservoir
alcoba / bedroom
alfarero / potter
amigazo / buddy
apartamento / apartment
árabe / Arabian
arepera / lesbian
arete / earring, hoop
arrendatario / tenant
arribista / socially ambitious, arriviste, social climber
argelino, na / Algerian
argénteo / silver-plated, silver, silvery
argentino, na / Argentinian
arteria / artery
artista / artist
atardecer / sunset, dusk

ateo / atheist
atómico, ca / atomic
atributo / attribute
asiático, ca / Asian, Asiatic
astronauta / astronaut
audiencia / audience, hearing
austral / southern
autóctono / autochthonous, original
autonomía / autonomy
autopista / throughway, expressway
autoservicio / self-service
avaricia / miserliness, avarice, greed
ave / bird
avenida / avenue, boulevard
aviador, ra / aviator, pilot
azotea / flat roof, terrace roof

B
babosa / slug
baboso / drooling, slobbering
bacanal / bacchanalia
bandido / bandit
baranda / handrail
barrendero / road sweeper, street cleaner
bañera / bathtub
balcón / balcony
ballena / whale
baloncesto / basketball
balompié / football
basura / garbaje
belicoso / bellicose, belligerent
bendición / blessing
berraco / noisy brat
béisbol / baseball

Biblia / Bible
bicicleta / bicycle
bigamia / bigamy
boca / mouth
blanco / white, blank
blusa / blouse
boliviano, na / Bolivian
bolsa / bag
bombillo, a / bulb
bombero / fireman
bonaerense / native of Buenos Aires
borracho / drunk, intoxicated
bota / boot
bragas / panties
brasier / bra
brasileño, ña / Brazilian
brasilero, ra / Brazilian
brazo / arm
británico, ca / British
budista / buddhist
bufanda / scarf

## C
cabello / hair
cabeza / head
cabo / cape
cadera / hip
cachorro / puppy, cub
cachucha / cap
cacique / chief, headman, petty tyrant, despot
calcetín / sock
calle / street
cálculo / calculation
calefacción / heating

caldera / boiler
carretilla / truck, trolley, handcar
camión / truck
carpintero / carpenter
catástrofe / catastrophe, disaster
cama / bed
camisa / shirt
camisola / camisola
campesino / peasant
canadiense / Canadian
cañón / cannon, canyon
caos / chaos, mayhem
¡caramba! / wow!
carátula / mask, title page, cover, face, dial
cariño / affection
changador / porter
chaqueta / jacket
chompa / jacket
chileno, na / Chilean
choro / thief, burglar
capitán / captain
capitalismo / capitalism
cardenal / cardinal, bruise
cartel / poster, sign
cartera / ballet, billboard
carterista / pickpocket
cartero / postman, mailman
caspa / scurf
casposo, sa / scurfy
catecismo / catechism
categoría / category, rank
católico / Catholic
ceja / eyebrow
célula / cell

cementerio / cemetery
cemento / cement
centinela / guard, sentry, sentinel
centro / center, downtown, midtown
centroamericano, na / Central American
cerradura / lock
cerrajero, ra / locksmith
cerdo / pig, hog, pork
cero / zero
cerveza / beer
cicatriz / scar
clase / kind, sort, type, class
clavo / nail
clima / climate, atmosphere
cobija / blanket
cocaína / cocaine
colesterol / cholesterol
colombiano, na / Colombian
coma / comma
contrabandista / smuggler, gun-runner
contrabando / smuggling
Corán / Koran
coreano, na / Korean
correo / post, mail
conserje, portero / caretaker, doorman, janitor
conservador / conservative
contrato / contract
congreso / congress
coqueta / flirtatious, flighty, coquettish, vain
correo / post, mail
cortina / curtain
corte / court
cosmonauta / cosmonaut
costarricense / Costa Rican

cielo / heaven, sky
cigarrillo / cigarette
cilantro / coriander
cintura / waist
cinturón / belt
circo / circus
cirio / candle
ciudadano, na / citizen
ciclón / cyclone
colchón / mattress
colegiala / schoolgirl
comedor / dining room
compatriota / compatriot
comunismo / communism
conformista / conformist
conjunción / conjunction
contador / accountant
contrato / contract
constitución / constitution
copera / hostess
coronel / colonel
corredor / corridor
corpiño / bra
cocinero, ra / cook
creyente / believer
cuaderno / notebook
cuello / neck
culto / worship
cura / priest, cure
chimenea / chimney
chino, na / Chinese
cubano, na / Cuban

## D

danés, sa / Danish man, Danish woman
decano, na / dean
desayuno / breakfast
dramaturgo, ga / playwright
dedo / finger
democracia / democracy
demonio / devil
derechista / rightist
desempleado / unemployed
destornillador / screwdriver
desvío / detour, deflect
diálogo / conversation, dialogue
dibujo / drawing
dictadura / dictatorship
diestro, hábil / handy
dinero / money
dios / god
diosa / goddess
discoteca / disco, club, nightclub
discotequero, ra / nightclubber
discurso / speech
dueño, propietario / landlord, owner
doctrina / doctrine
dogmatismo / dogmatism
dominicano, na / Dominican
don / flair
dormitorio / bedroom, dormitory
droga / drug
droguería / drugstore

## E

eco / echo
ecuatoriano, na / Ecuadorean

edificio / building
electricidad / electricity
egipcio, cia / Egyptian
emperador / emperor
emperatriz / empress
empleado / employee
empleador / employer
empresa / company, firm
encopetado / presumptuous
enchufe / plug
energía / power, energy
enfermero, ra / nurse
enfoque / focus
enfrente / across, opposite, in front
engreído / vain, conceited
entresuelo / mezzanine
erróneo / false
escalera / stair, ladder
electricista / electrician
epilepsia / epilepsy
epílogo / epilogue
época / period, time, age
esclavitud / slavery
escritor, ra / writer
escritorio / desk
español / Spaniard
espejo / mirror
esperma / sperm, candle
esquina / corner
estación / station, season
estadounidense / United States citizen
estafador / swindler, trickster, racketeer
estómago / stomach
estatus / status

estrés / stress
estuche / case, canteen
Eucaristía / Eucharist
eunuco / eunuch
europeo, a / European
excusado / lavatory, toilet
extremidades / extremities, limbs

F
factura / invoice, bill
falda / skirt
falso, sa / deceiful
fantasma / ghost, specter
farmacia / drugstore
farmacólogo, ga / pharmacologist
faro / light house
farol / streetlight, streetlamp
fascismo / fascism
fascista / fascist
favoritismo / favoritism
felonía / felony, crime
femenina / feminine, female
feminista / feminist
feroz / ferocious, fierce
ferretería / hardware
feudalismo / feudalism
fiesta / party
filántropo / philanthropist
firmamento / firmament
francmasón, na / freemason
frase / phrase
fresco / cool, fresh
frigidez / frigidity
fuelle / bellows

fulana / So-and-so, Jane Doe
fulano / So-and-so, John Doe
furgón / truck, van
furia / fury, rage
fútbol / soccer

G
gacela / gazelle
gafas / glasses
gallina / hen
gamín / street urchin
gas / gas
gaucho / good rider, cowboy
gema / gem
genética / genetics
geometría / geometry
gerente / manager
germen / germ
giba / hump
ginebra / gin
girasol / sunflower
gitano, na / gipsy
gobierno / goverment
golondrina / swallow
golosina / candy
gonorrea / gonorrhea
gorila / gorilla
gorra / cap
gramática / grammar
grasiento / greasy
griego, ga / Greek
guaquero / grave robber, tomb robber
guardaespaldas / bodyguard
guardafango / mudguard

guaro / liquor
guatemalteco, ca / Guatemalan
guerra / war
guerrillero / guerrilla fighter
guiñapo / tatter
gula / greed, gluttony
guyanés, sa / Guyanese

H
hacendado / landowner
haitiano, na / Haitian
harina / flour
hembra / female
hermafrodita / hermaphrodite
herrero / blacksmith, smith
hiedra / ivy
hiel / bile
hierba / grass
hinduismo / Hinduism
hipo / hiccups
hipocresía / hypocrisy
hipótesis / hypothesis
hispano, na / Spanish, Hispanic
hombro / shoulder
hambre / hungry
hondureño, ña / Honduran
hoyo / hollow, pit, hole, grave
humo / smoke

I
idealista / idealist
identidad / identity
idiota / idiot, stupid
iglesia / church

imberbe / beardless
imperio / empire
impotencia / powerlessness, impotence
imprenta / printing, press
incesto / incest
indio, dia / Indian
infeliz / unhappy
infierno / hell
ínfulas / give oneself airs
ingeniero, ra / engineer
inglés, sa / Englishman, Englishwoman
ingratitud / ingratitude
iniquidad / iniquity, injustice
inodoro / toilet
inquilino / tenant
intrépido / intrepid, daring
inyección / injection, shot
ira / anger
iraní / Iranian
iraquí / Iraqi
irlandés, sa / Irishman, Irishwoman
islamismo / Islamism
israelí / Israeli
israelita / Israelite
italiano, na / Italian
itinerante / itinerant, roving, travelling

## J
jabalí / wild boar
jacal / hut
jactancioso / boastful
jalea / jelly
jamaiquino, na / Jamaican
japonés, sa / Japanese

jardín / garden
jarra / jug, jar
jabón / soap
jefe / boss, chief
jengibre / ginger
jerga / jargon, slang
jeroglífico / hieroglyphic
jinete / horseman, horsewoman, rider
jarabe / syrup
jerarquía / hierarchy
jeringa / syringe
joroba / hump
joya / jewel
júbilo / exultation
judío, a / jew
juerga / binge
juez / judge
jugo / juice
juguete / toy
junco / rush, reed
jurado / jury, juror
justicia / justice
juzgado / court, tribunal

K
kaki / khaki
kilogramo / kilogram
kilovatio / kilowatt

L
labio / lip
labranza / farming
ladrillo / brick

ladrón / thief, robber
lanzacohetes / rocket launcher
lanzador, ra / pitcher
latino, na / Latin, Latin-American
latonero / auto-body repair man
lavamanos / sink, washbasin
lejos / far
lelo, la / speachless, dummy
lengua / tongue, language
lepra / leprosy
lerdo, da / clumsy, slow
lesbiana / lesbian
leucemia / leukemia
ley / law
libanés, sa / Lebanese
libertad / freedom, liberty
libio, bia / Libyan
librepensador, ra / freethinker
liceo / lyceum
líder / leader
liguero / suspender belt, garter belt
limpiaparabrisas / windshield wipers
limusina / limousine
lívido / pallid, livid
llanero, ra / plainsman, plainswoman
llave / key
llanta / wheel, tire, rim
lluvia / rain
lencería / lingerie
limón / lemon
locomotora / locomotiva
lugarteniente / deputy
lujo / luxury

lujuria / lust
luminoso / shining
lunar / mole

M
macho / male, masculine
machorra / lesbian
machote / tough guy, rough draft, sketch, pattern
magia / magic
maja / pretty
majo / handsome
malacate / hoist
malagradecido / ungrateful
maletero / porter
maleza / leed
malla / mesh
malparido / son of a bitch, bastard
mamá / mamma
mandamás / bigshot
mandíbula / jaw
mandón / bossy
manga / sleeve
manguera / hose
manicomio / insane asylum
manifestación / demonstration, declaration, statement
mano / hand
mampostería / masonry
maña / dexterity
mapa / map
maquillaje / make up
maquinista / machine operator, engine driver
maraña / web
marea / tide
mareo / dizziness

maremoto / seaquake, tsunami
maricón / queer, gay
marihuana, mariguana / marihuana, marijuana
marimacho / mannish woman
mariscal / marshal
mármol / marble
martillo / hammer
marroquí / Moroccan
mascota / pet
masculino / masculine, manly, masculine
matador / bullfighter
matemática / math
matinal / morning
matón / bully, lout, thug
matriz / womb, uterus
mayordomo / butler
médico, ca / doctor
mensajero / messenger, courier
merienda / afternoon snack, tea
mesa / table
meteorología / meteorology
mezquita / mosque
microbio / microbe
milonga / fib, tale, type of song
mina / mine, girl
miope / nearsighted
miopía / nearsightedness
misa / mass
misógino, na / misogynist
mexicano, na / Mexican
mica / chamberpot
miembro / member
monaguillo / altar boy, acolyte
mongol / Mongolian

monogamia / monogamy
muerte / death
mujeriego / womanizer
multa / fine
mundano / mundane
muñeca / doll
murciélago / bat
musulmán, na / muslim

N
nalga / buttock
narco / drug dealer
nariz / nose
negligente / careless
nene, na / little boy, little girl
nervio / nerve
neoyorquino, na / New Yorker
nepotismo / nepotism
nevera / refrigerator, cool box
neozelandés, sa / New Zelander
nicaragüense / Nicaraguan
nieve / snow
niñera / nanny, nursemaid
nipón, na / Japanese
nombramiento / nomination, appointment
nómina / payroll
norteamericano, na / North American
novela / novel
nube / cloud
núcleo / nucleus, core
nuez / nut, walnut
nudo / knot

## Ñ
ñame / yam
ñandú / rhea
ñapa / lagniappe

## O
obispo / bishop
obrero / worker
obsequio / gift
obsesión / obsession, fixation
ocaso / occident, decline
ocio / vice
odio / hate
oficio / job, occupation
oído, oreja / ear
ojo / eye
oligarquía / oligarchy
ombligo / navel, belly button
opio / opium
oración / sentence
ordenador / computer
orgía / orgy
orilla / border, margin
ortografía / orthography, spelling
omelet / omelette
ovario / ovary

## P
pacifista / pacifist
país / country
paisano, na / fellow countryman, fellow countrywoman
pagador / payer
pájaro / bird
pala / shovel

palanca / lever
palmada / slap
palo / stick
paloma / pigeon, dove
palomo / cock pigeon
pan / bread
panadero, ra / baker
panameño, ña / Panamanian
pandilla / gang
panela / brown sugar, sugar loaf, coarse sugar
panfleto / pamphlet
pantaletas / panties
pantalla / screen
pantalón / troussers, pants, slacks, knickers
pantalones / trousers, pants. slacks, knickers
panocha / corncob, cunt
pañoleta / shawl
pañuelo / handkerchief
panza / belly
Papa / Pope
parabrisa / windshield
paracaídas / parachute
parada / stop
paraguayo, ya / Paraguayan
paraíso / paradise
paramilitar / paramilitary
pararrayo / lightning rod
parásito / parasite
pared / wall
parlamento / parliament
párroco / parson
parroquia / parish
partitura / score
pasamanos / rail, handrail

pasamontañas / ski mask
pasantía / internship
pasajero / passenger
pasatiempo / pastime, amusement
pasillo, corredor / corridor, hallway, passage
paso, peldaño / step
pasquín / skit, satire, wall poster
pastel / cake
pastor / shepherd
patán / yokel
patín / skate
patio / yard, courtyard
patrulla / patrol
pavada / silly thing, silliness, stupidity
pavo / turkey
payaso / clown
peatón / pedestrian
peca / freckle
pecado / sin
pecueca / smell of feet
pedigrí / pedigree
pedo / fart
película / movie
pellizco / pinch
peluca / wig
peluquero, ra / hairdresser, hairstylist
pena / sorrow, woe
penacho / crest, plumes
pene / penis
peón / laborer, pawn
peregrinación / pilgrimage
pericia / skill, ability
perineo / perineum
periódico / newspaper, paper

perjurio / perjury
perla / pearl
perplejo / perplexed
persa / Persian
personal / personnel
peruano, na / Peruvian
pestaña / eyelash
peste / pest, plague
pibe / kid, boy, girl
picaflor / hummingbird, flirt
pico / beak, peak
piedra / stone
pierna / leg
pija / prick, upper-crust girl, stuck-female
píldora / tablet, pill
pimentón / paprika
piropo / compliment, flattery
piso / floor
pie / foot
pizarra / blackboard, chalkboard
platónico / platonic
plomero / plumber
pobreza / poverty
policía / policeman, police officer
poligamia / polygamy
polígono / polygon
pollo / chicken
polvo / powder, dust, screw
pólvora / gunpowder
pornografía / pornography
portaaviones / aircraft carrier
postizo / false
potro / colt
pozo / well, shaft

pradera / grassland, meadow
precipicio / precipice, cliff
predicador / preacher
prefacio / preface, foreword
prefijo / prefix
preliminar / preliminary
prensa / press, printing press
prepotencia / arrogance, dominance, abuse of power
prepotente / powerful, arrogant
presidenta / president, chairwoman
presidente / president, chairman
problemático, ca / problematic, difficult
prostíbulo / brothel
prostituto, ta / prostitute
protestantismo / Protestantism
provincia / province
púa / sharp point
pubertad / puberty
puente / bridge
puerta / door
puertorriqueño, ña / Puerto Rican
puntilla / tack, narrow edging

Q
queso / cheese
quicio / doorjamb
quirófano / operating room, operating theatre
quilate / carat
quilombo / mess
química / chemistry
quimera / chimera, illusion
quirúrgico / surgical
quiste / cyst

# R
rabia / rabies, anger
radioactivo / radioactive
radiografía / radiograph
radioteléfono / radiotelephone
raja / gash, cunt
rango / rank
rasguño / scratch
raza / race
recepcionista / receptionist, desk clerk
receta / prescription
red / net, web
reforma / reform
reformista / reforming, reformist, reformer
rehén / hostage
reina / queen
reinado / reign
renombre / renown
renta / rent
repaso / review
republicano / republican
resma / ream
reumatismo / rheumatism
revancha / revenge, rematch
revender / resell
revisión / checking, revision, inspection
revisionismo / revisionism
revolución / revolution
rey / king
riel / rail
riña / quarrel
ron / rum
ropa / clothes

rubio, bia / blond, blonde, fair
ruso, sa / Russian

S
sabana / savanna, grassland
sábana / sheet
sabiondo / smart-ass
sacerdote / priest
sacrilegio / sacrilege
sagrado / sacred, holy
salto / leap, jump
salvadoreño, ña / Salvadorean
sangre / blood
saña / blind fury, rage
sapo / toad, informer
sarampión / measles
sargento / sergeant
sarpullido / rash
satanás / satan
semáforo / semaphore, signal, traffic lights
semental / stud, breeding
semilla / seed
senador / senator
sendero / path
sepulturero / gravedigger
septentrional / northern, north
serrucho / saw, handsaw
sicólogo, ga / psychologist
sierpe / serpent, snake
simpático / sympathetic
sinagoga / synagogue
sinalefa / elision
sindicato / syndicate, union

sindicalista / syndicalist, trade unionist
singón / womanizer, philanderer
sinnúmero / endless amount
sinónimo / synonymous
sinvergüenza / scoundrel, villain
superintendente / supervisor, superintendent
sirviente, ta / servant
sirvienta / maid
sótano / basement
subarrendar / to sublet
sala / drawing room
soberanía / sovereignty
socialismo / socialism
socio / associate, partner, fellow
solapa / lapel
solapado / cunning
soldado / soldier
sombrero / hat
sonrisa / smile
sordomudo, da / deaf mute
sorteo / drawing lots, raffle
sotana / cassock
sótano / basement, cellar
subdesarrollado / underdeveloped
subversivo / subversive
sudafricano, na / South African
sudamericano, na / South American
suero / serum
suertudo / lucky
sufijo / suffix
sujeto / subject
supervisor / foreman
supervisora / forewoman

supremo, ma / supreme
sustantivo / noun

T
tabaco / tobacco, cigar
tabú / taboo
tacaño / mean, stingy
tachuela / tack, nail
tanque / tank
tapicero, ra / upholsterer
tarima / platform
tarjeta / card
taxi / taxi, cab
taza / cup
té / tea
teatro / theater
techo / roof, ceiling
tejado / roof, housetop
telaraña / spiderweb
televisor / television set
témpano / ice floe
tenaza / pliers
tenis / sneakers, tennis
terciopelo / velvet
terco / obstinate, stubborn
ternero / calf
terraza / terrace
terrateniente / landlord
terremoto / earthquake
testaferro / figurehead, front man
testículo / testicle
teta / boob, tit, teat
tetero / feeding bottle, baby's bottle

tetona / busty
tibetano, na / Tibetan
tiempo / time, weather, tense
tienda / shop, grocery
tierra / land, ground, earth
timo / swindle, gag
tímpano / eardrum, tympanum
tipo / guy
tiroteo / random shooting
títere / puppet
título / title
tocayo, ya / namesake
tomacorriente / plug
topografía / topography
Tora / Torah
torbellino / whirlwind
torero / bullfighter
tornillo / screw
torta / cake
tortilla / omelet, omelette
tortillera / tortilla seller, lesbian
trabajador, ra / worker
trabalenguas / tongue twister
traficante / dealer, trafficker
transportista / carrier
trasto / piece of junk
trigueña / brunette
tripa / gut, entrails
trompa / trumpet
trompeta / trumpet
tronera / pocket, loophole
trotamundos / wanderer
truhán / buffoon
tronco / trunk

tunecino, na / Tunisian
turba / crowd, mob
turco, ca / Turkish
turista / tourist
Turquía / Turkey

U
úlcera / ulcer
umbilical / umbilical
UNASUR / Union of South American Nations
ungüento / ointment
único / only, unique
unidad / unit
uniforme / uniform
uña / nail
uranio / uranium
urbanidad / courtesy, urbanity
urbano, na / urban
utensilio / utensil, tool
uruguayo, ya / Uruguayan
uva / grape
útero / uterus

V
vacío / empty
vacuna / vaccine
vagabundeo / roaming
vagabundo / vagabond
valla / fence, barricada
vanidad / vanity
vara / twig, branch
varón / male
varonil / manly, masculine
veleta / weather vane, weathercock

vello / down, fuzz
vena / vein
vendedor / salesman
vendedora / saleswoman
venezolano, na / Venezuelan
ventana / window
verbo / verb
verdor / vedure, greenness
vereda / path, sidewalk, section of a village
vergonzante / shameful
verga / yard, rod, cock
verja / railings
verruga / wart
vértigo / dizziness
vespertino, na / evening
vestíbulo / lobby
viajero / traveler
vicio / vice
vida / life
videocámara / camcorder
videófono / videophone
videotex / videotex
videocinta / videotape
videoteca / video library
vidrio / glass
vietnamita / Vietnamese
vigilante / vigilant, watchful
virgen / virgin
viril / virile, manly
viringo / bare, naked
vitamina / vitamin
¡viva! / hail!
vocero / spokesperson, spokesman
volcán / volcano

voleibol / volleyball
vorágine / whirlpool
vozarrón / loud voice
vulgaridad / ordinariness, vulgarity

X
xenofobia / xenophobia
xerografía / xerography
xilófono / xylophone
xilografía / xilography

Y
yacimiento / bed, deposit, site
yarda / yard
yate / yacht
yegua / mare
yema / yola
yermo / uncultivated, uninhabited
yerto / stiff
yerba / grass
yeso / plaster
yodo / iodine
yugo / yoke
yugular / jugular
yunque / anvil
yunta / yoke
yuxtaponer / juxtapose

Z
zafarrancho / havoc, row
zafio / coarse, uncouth
zagal / lad, youth
zaguán / hall, hallway
zángano / drone, sponger

zanja / ditch, trench
zapato / shoe
zamarro / sheepskin jacket
zar / tsar, czar
zarza / bramble
zarzuela / Spanish operetta
zozobra / foundering
zutano / So-and-so
zumbido / buzzing, humming

## Modismos, expresiones / Idioms, Expressions

Caminando en lo oscuro / A walk in the dark
Tiquete de primera fila / Front row ticket
Fuente de ingresos / Source of revenue
Dos cosas totalmente diferentes / Two entirely diferent things
Piérdete / Get lost
Soy todo oídos / I am all ears
Lo nutritivo ahora es delicioso / Nutricious is now delicious
Vestido de mujer / Women's dress
Traje de hombre / Man's suit
Lo peor ya pasó / The worst is over
Él cambió la historia para glorificar la suya / He changed history to glorify his own
Los que cambian la historia / The changers of history
Manteniendo las apariencias / Keeping up appearances
Mínimo común denominador / Lowest common denominator
De un día para otro / From one day to the next
No hay solución a la vista / There is no solution in sight
Vale la pena intentarlo / It's worth trying

Comida natural / Organic food
Alimento biológico / Organic food
Yo estuve siempre de tu lado / I was always on your side
Ellos vivieron felices por siempre / They lived happily ever after
Estamos en un estado de confusión / We are in a state of confusion
Buenos tiempos, viejos tiempos / Good old days
Llegué cinco minutos tarde / I was five minutes late
Hablando en general / Speaking generally
Figuras cimeras / Towering figures
¿Estás soñando? / Are you dreaming?
Vales lo que pesas en oro / You're worth your weight in gold
Lobos vestidos de ovejas / Wolves in sheep clothing
Cacería de brujas / Witch hunt
Manténganse en sintonía / Stay tuned
Ella todavía siente algo por él / She still has feelings for him
Entre más alto, mejor / The higher the better
¿No nos hemos conocido antes? / Haven't we met before?
Y como de costumbre / And as customary
Por lo menos 1 de cada 5 niños… / At least 1 in every 5 children…
Por la gracia de Dios / For the grace of God
Desde ese día en adelante / From that day forward
Con todo el debido respeto / With all due respect
No estoy de buen humor / I am not in the mood
Se recomienda discreción / Discretion is advised
Por un pelo / By just a hair
Juego espectacular / Spectacular play
Hoy hace un año / A year ago today
Escucha más de lo que hablas / Listen more than you speak
¡Quédese quieto! / Keep still!
La caja de Pandora / Pandora's box
Estrato social / Social strata

Mi debilidad principal / My main weakness
Consultor político / Political consultant
Organización del ala derecha / Right wing organization
Se me acabó el dinero / I ran out of money
Como hemos visto / As we have seen
Sociedad abierta / Open society
Gases que causan polución / Greenhouse gases
Calentamiento de la Tierra / Global warming
Crisis global energética / Gobal energy crisis
Este es mi último recurso / It's my last resort
Representante de los trabajadores / Workers' representative
Nos vemos por el camino / See you along the way
Sangre real / Royal blood
Cualquier otra forma / Any other way
Año tras año / Year on year
¿Estás haciendo algo? / Are you in the middle of something?
Fracaso en las conversaciones / Breakdown of talks
De la cabeza a los pies / From top to toe
¿Cómo me ocultaste esto? / How did you keep this from me?
En el amor no hay reglas / In love there are no rules
Hasta que la muerte los separe / Until death does them part
Economía política / Political economy
Acento indescifrable / Indecipherable accent
A finales del siglo dieciocho / By the late eighteenth century
Punto de vista / Point of view
Lucha de clases / Class struggle
Relaciones sociales / Social relations
Desvió su atención / Shifted his attention
Fuerza laboral / Labor power, labor force
Dicho de otra manera / To put this another way
Como ocurre / As it occurs, as it happens
Al mismo tiempo / At the same time
Como pasa el tiempo / As time goes on
Bien hasta el momento / So far so good

Ten fe, hijo / Have faith son
Entre otras cosas / Among other things
La tierra prometida / The promised land
Añorando el pasado / Sighing for the past
Hombro a hombro / Shoulder to shoulder
Fresco como una lechuga / As cool as a cucumber, fresh as a daisy
Haz tus sueños realidad / Turn your dreams into reality
Mantente fresco en la piscina / Stay cool in the pool
La impotencia arruina la vida sexual / Impotence ruins sex life
Me retrasé una hora / I got delayed for an hour
Conciencia política / Political consciousness
Liderazgo político / Political leadership
Ruptura de las conversaciones / Breakdown of talks
Visita corta / Flying visit, visit of very short duration
Pasar el rato / Hang around, to pass time without any real purpose or aim
No puedes complacer a todo el mundo / You can't please everyone
La atmósfera está tensa / The air is charged with tension, the atmosphere is tense
De tal palo tal astilla / He's a chip off the old block
Él es un resentido / He is bitter
Escalera de caracol / Spiral staircase
El amor trasciende el sexo / Love trascends sex
Carencia de cultura / Lack of culture
Ojo de la cerradura / Spy hole
Un día más / One more day
Mejor asegurarse que lamentarse / Better safe than sorry
Nada podría estar más lejos de la verdad / Nothing could be further from the truth
Adelanten los relojes / Put the clocks forwards
Para que lo sepas / Just so you know
Hablar del diablo / Speak of the devil

Levantado de la nada / Risen from nothing
Como de costumbre / As usual
Sé feliz / Be happy
Quiero que me devuelva mi dinero / I want my money back
Lo colmó de abrazos / She showered him with flattery
Eso es todo / That's it
Ni más ni menos / Neither more nor less
El sol asoma por el horizonte / The sun starts to appear above the horizon
El valle se extendía ante ella / The valley stretched before her
Nieves perpetuas / Eternal snows
Los nubarrones presagian lluvia / Storm clouds threaten rain
Materias primas / Raw materials
Agotamiento de materias primas / Exhaustion of raw materials
Alimentos transgénicos / Genetically modified food
Contaminación acústica / Noise pollution
Destruir el ecosistema / To destroy the ecosystem
El fin justifica los medios / The ends justify the means
Materias radiactivas / Radioactive materials
Perturbar el equilibrio ecológico / To disturb the ecological balance
Poner en peligro el frágil ecosistema / To endanger the fragile ecosystem
Capa de ozono / Ozone layer
Catástrofe ecológica / Ecological catastrophe
Central nuclear / Nuclear power station
Ciclo de la naturaleza / Nature's cycle
Degradar las aguas / To pollute the water
Contaminación ambiental / Environmental pollution
Contaminación atmosférica / Atmospheric pollution
Efecto invernadero / Greenhouse effect
Recalentamiento global / Global warming
Agujero negro / Black hole
Años luz / Light years

Astro del cine / Film star
A la luz de la luna / By moonlight
Entrega Anual de Premios de la Academia / Annual Academy Awards
El día en que se paralizó la Tierra / The day Earth stood still
Comunidad anglosajona / Anglo-Saxon community
Morir en un atraco / Die in a holdup
Yo anoté en mi diario / I noted in my diary
La alborada de una nueva era / The dawn of a new age
Compromiso moral / Moral commitment
No me mires de esa manera / Don't give me that look
Valor monetario / Monetary worth
Vamos a mover cielo y tierra / We are going to move heaven and earth
Es mejor tarde que nunca / Better late than never
Ala derecha / Right wing
Ala izquierda / Left wing
Grupos de extrema derecha / Far-right groups
Cambio de régimen comienza por casa / Regime change begins at home
Lo mejor para mí / The best for me
Delirios de grandeza / Delusions of grandeur
¿Tú crees haber vivido antes? / Do you believe that you've lived before?
Yo no creo haber vivido todavía / I don't believe that I've lived yet
Cada tres días o día por medio / Every other day or so
Aquí no hay nada para mí / There is nothing left for me here
Divide y reinarás / Divide and rule
Me ofrecieron un trabajo en Hong Kong / I've been offered a job in Hong Kong
So pretexto de / Under the pretext of
Lo que por agua viene, por agua se va / What goes around comes around

No tengo idea de lo que quiere ella / I have no clue of what she wants
Corriendo al arco iris / Chasing a rainbow
No pite / Don't honk
No camine / Don't walk
Por ahora / For the time being, for now
Hasta ahora / So far
¿De qué se trata todo esto? / What's it all about ?
Usted sabe lo que quiero decir / You know what I mean
No tiene importancia / Never mind
Año tras año / Year after year
No es gran cosa / It is no big deal
Estoy bromeando / I am kidding
Me estás tomando del pelo / You are pulling my leg
Mi palabra de honor / My word of honor
Como viene se va / Easy come easy goes
En la guerra y en el amor todo vale / All's fair in love and war
No se atore con una sopa de letras / Don't choke on the alphabet soup
Tienes que estar bromeando / You must be kidding
Estoy aburrido / I am bored
No me importa / I don't care, it doesn't matter
Por el amor de Dios / For the love of god
Ella se vistió / She dressed herself
Él se preguntó si valía la pena / He asked himself if it was worth it
Yo mismo no estoy preocupado / I myself am not concerned
Ella habló todo el día / She talked all day
Eso requiere práctica / It takes practice
Punto de giro o punto de viraje / Turning point
A medida que pasa el tiempo / As time goes by
Reservando el derecho a buscar / Reserving the right to seek
Ha llegado la hora de / The time has come for
Tome cerveza, piense cerveza / Drink beer, think beer

Perro viejo ladra echado / The old dog barks while he is sitting down
Cuando el río suena, piedras lleva / Where there are stones the brook babbles
La madre del mentiroso es una virgen / The liar's mother is a virgin
El mono sabe en qué palo trepa / The monkey knows which branch to swing on
Hombres cobardes, huesos saludables / Cowardly men, healthy bones
Nada cuesta decir gracias / Thanks cost nothing
Todo está bien / Everything is fine, everything copacetic
Relájate / Chill out
Que se joda eso / Fuck that
Él es una fuente de información confiable / He is a reliable source of information
El salón de la fama / Hall of fame
El salón de la vergüenza / Hall of shame
El final de la crisis está lejos / The crisis is far from over
Dólares ensangrentados / Bloodstained dollars
¿Ahora qué? / Now what?
No recibo respeto a cambio / I'm getting no respect in return
Esto no ha ocurrido / This hasn't happened
No hay solución sin discusión / There's no solution without discussion
Cada cabeza es un mundo / Every head is a World
Todo pájaro tiene su halcón encima / Every bird has a hawk above it
No responder también es una respuesta / No response is also an answer
A más sangre real, menos orgullo / The nobler the blood, the less the pride

La felicidad y el vidrio se rompen fácilmente / Happiness and glass break easily
El amor ve por un ojo, el odio es ciego / Love is one-eyed, hate is blind
No todos los que roncan están dormidos / Not all who snore are sleeping
Todos para uno y uno para todos / One for all and all for one
Las lluvias de abril traen las flores de mayo / April showers bring May flowers
La caridad empieza por casa / Charity begins at home
La verdad sea dicha / Truth be told
A tiempo / On time
A fin de que, de manera que / In order that, so that
Al lado de / Beside
A cada momento, continuamente / Continually, frequently
Quizás, a lo mejor, tal vez / Perhaps, maybe
A más tardar / At the very latest
A menudo / Often
¡A mí qué! / So what!, what's that to me?
Ningún lugar / Nowhere
¿A qué viene eso? / What is the point of that?
A última hora / At the last moment
A veces / At times
A ver si / Let's see if
¿Adónde va? / Where are you going?
Adondequiera que / Wherever
Aquí mismo / Right here
Ahora es el momento / Now is the time
Ahora es tu oportunidad / Now is your chance
Ahora mismo / Right now
De una vez por todas / Once and for all
Al revés, al contrario / Backwards, wrong side out, in the opposite way
Así así / So so

Más o menos / More or less
Así como / Just as, the same as, as well as
Atrás de / Behind, at the back of
Con asombro / In amazement
Cuando quiera / Whenever
Dar a conocer, hacerlo saber / To make known
Bien parecido / Good looking
Boca abajo / Face down, prone
Boca arriba / Face up, supine
¡Cada cuánto tiempo! / Every how often!
Claro que no, desde luego que no / Certainly not, of course not
Claro que sí, naturalmente / Of course, naturally
Como dijo alguien / As someone said
¡Cómo no! ¿Por qué no? / Of course! Why not?
De algún modo / Somehow
De dos sentidos / Two-way
La suerte está echada / The die is cast
Desde ahora / From now on
Desde entonces / Since then, ever since
En alguna otra parte / Somewhere else
En cualquier caso / In any case
En regla / In order
Enseguida / At once, right now
En tanto que / While
En todas partes / Everywhere
Eso es verdad / That's true
Está de más, es superfluo / It's unnecessary, superfluous
Estar de vuelta / To be back
Estar fuera de la casa, lejos de la casa / To be out of the house, away from home
Estar para / To be about to
Estar peor que antes / To be worse off than before
Falta de enseñanza / Lack of education
Faltar a clase / To cut class

Hacer como si / To act as if
Hacerse noche / To grow late, get late in the evening
Hacerse tarde / To get late
Hacia delante / Forward
¿Hasta dónde? / How far?
Llegar a saber / To come to know
Llevar el compás / To beat time
A propósito de / By the way
En general, por lo general / In general, generally, as a general rule
De buenas a primeras, sin pensarlo / On the spur of the moment
De la noche a la mañana / Overnight
Pasar de la raya / Overstep the bounds
Tonto de capirote / Complete idiot
Dárselas de, hacerse pasar por / To pose as
A sus órdenes / Present!
Juego de palabras / Play on words, pun of words
No juegues conmigo, no me engañes / Don't play games with me
Ser plato de segunda mesa, ir de segundón / To play second fiddle
Darse aires, darse farol, darse tono, subirse de tono / Put on airs
La pura verdad / The plain truth.
La verdad desnuda / The naked truth
A la redonda, en redondo / Round about
Lado flaco, punto flaco / Weak side, weak point
Dejar a uno plantado / To stand someone up
Un hervidero de gente / Swarm of people
Un remolino de gente / Throng of people
Echar un trago / To have a quick drink
Tanto mejor / So much the better
Dar un paseo / Take a walk

Ahí está el detalle / That's the point
Una cita con el destino / A date with the destiny
No bloquee la puerta / Don't block the door
Él está saboreando el triunfo / He is savoring his victory
Todo cambia en un instante / In an instant everything changes
Último aliento / Last breath
Sin aliento / Out of breath
La vida carece de sentido / Life lacks meaning
Quizá dentro de unos años / Perhaps within a few years.
La ciudad que nunca duerme / City that never sleeps
Es muy fácil / It's a piece of cake
Hablar suave conlleva mucho peso / Speaking softly carries a lot of weight
Ella baja la guardia / She lowers her guard
Dos cabezas piensan mejor que una / Two heads are better than one
El fracaso es un gran maestro / Failure is the great teacher
Las citas y los negocios son muy similares / Dating and business are pretty similar
Lo mejor está por venir / The best is yet to come
Aunque no imposible / Although not impossible
Él es un rompecorazones / He is a heartbreaker
No quiero que las cosas se compliquen / I don't want things to get complicated
Una sociedad satisfecha / A feel-good society
Embotellamiento, aglomeración de tráfico / The traffic jam
Cortocircuito / Closed circuit
La ola que estremeció al mundo / The wave that shook the World
Ellos decidieron quitárselo de encima / They decided to get him out of the way
Simplemente muy grande / It was simply too big
Agitador político / Political agitator

A mí no me pagan por hacer eso / I'm not paid to do that
Ellos tienen que probar su propia medicina / They need a taste of their own medicine
Buscando a quien echarle la culpa / Looking somebody to put the blame on
Punto. Eso es todo / Period. End of story
¿Queda algo por hablar? / Is there anything left to talk about?
¿Cómo te atreves a desobedecerme? / How dare you disobey me?
Esta es comida para un rey / This is a meal fit for a king.
Posesión ilegal de armas / Illegal possession of guns.
Y mira lo que pasó / And look what happened
La muerte de él no es en vano / His death is not in vain
La tuberculosis es contagiosa / Tuberculosis is contagious
Que te vaya bien / Have a good life
No lo puedo soportar / I cannot stand him
En Nueva York hay plantas nucleares / In New York there are nuclear power plants
Ni una palabra / Not a single word
Casas recién construidas / Newly constructed homes
Los de abajo / Those from below
Las clases humildes / The humble classes
¡Que haya paz! / Let there be peace!
Cese al fuego / Cease-fire
Fe en sí mismo / Self-confidence
Académicos y tecnócratas / Academics and technocrats
Por el contrario / On the contrary
En efecto / In fact
Un partido o el otro / One party or the other
Proceso de paz / Peace process
El tiempo lo dirá / Only time will tell
Esta es la noche más divertida / This is the most entertaining night

Amor a primera vista / Love at first sight
Ellos son cada vez más amigos / They are getting closer all the time
Nadie te va a hacer daño / Nobody is going to hurt you
No te oigo / I can't hear you.
Al fin cayó nieve / Snow at last
Ellos almorzaron juntos / They had lunch together
Practica lo que predicas / Practice what you preach
Él es un buen cocinero / He is a good cook
No pudieron disimular su alegría / They couldn't hide their joy
Cualquiera mataría por ti / Any guy would kill to have you
Algo pasajero / A passing thing
La venganza es dulce / Revenge is sweet
Ten presente / Keep in mind
Mente estrecha / Narrow-minded
No te metas en esto / You stay out of this
Mucho calor / Too much heat
Una foto vale por mil palabras / A picture is worth a thousand words
Belleza efímera / Fleeting beauty
Hacer efectivo / Implement
Codearse con / To rub elbows with
De hoy en adelante / From this day forth
Poder adquisitivo / Purchasing power
Calidad de vida / Quality of life
La gente que estaba en la lista negra / The people who were blacklisted
No es necesario decirlo / Needless to say
Ella lo dejó plantado / She stood him up
Derechos iguales pero propiedades desiguales / Equal rights but unequal possessions
Reloj biológico / Biological clock
Envuelto en el misterio / Shrouded in mystery
De arriba abajo / From top to bottom

Dar órdenes es un trabajo / Giving orders is a job
Esto es molesto para ti / This is bothersome to you
De un extremo al otro de América / From one end of America to the other
Lamiéndole las botas al amo / Licking the master's boots
Pacto de sangre / Blood-pact
Este preciso momento / This very moment
Acostúmbrese / Became accustomed
Yo te hablo como quiero / I talk to you however I please
El lenguaje corporal / Body language
Les perdí el rastro / I lost track of them
¿Todo salió bien? / Did everything come out alright?
Babear / To dribble, to slobber
Lucirse, presumir / To show off
Ellos están hechos el uno para el otro / They are made for one another
Yo no te cambiaría por nadie / I wouldn't trade you for anybody
Contén tu emoción / Restrain your emotion
Por favor, recoja la caca de su perro / Please pick up your dog's poop
La historia la escriben los vencedores / History is written by the victors
¿Puedes manejar la carretilla? / Can you handle the wheelbarrow?
Háganos quedar bien / Make us look good
Búsquedas mundanas / Mundane pursuits
Hogar simulado / Make-believe home
Vete al diablo, yo tengo que mantenerte / Damn you, I have to keep you
Tienes suerte / Lucky you
No hagas basura / Don't litter
El mundo no gira a tu alrededor / The whole world doesn't revolve around you

Cada tercer día / Every third day
El dinero se va a acabar / The money is about to run out
Nadie es indispensable / Nobody is indispensable
Todo el mundo es reemplazable / Everybody is replaceable
Eso se dijo de él / It was said of him
Los tiempos cambian pero no los buenos modales / Times change but manners don't
Es mejor ser afortunado que bueno / It's better to be lucky than good
No te enloquezcas / Don't go wild
Ella siempre está en algo / She is always on something
Tengo que hacer algo / I gotta take care of something
Enfrentemos las adversidades exitosamente / Let's face adversities successfully
El amor conduce a la felicidad / Love leads to happiness
Felicidad duradera / Lasting happiness
¡Ave María! / Hail Mary!
Aurora boreal / Aurora Borealis
Todo sumó la cantidad de / Everything came to a total of
Con respecto al frío o al calor / With respect to heat or cold
Cuando se trata de dinero / When it comes to money
A menos que se diga otra cosa / Unless otherwise instructed
Malas influencias / Bad influences
Equipaje de mano / Carry-on luggage
Usted me está entendiendo / You are getting me
Gracias a ambos, gracias a los dos / Thank you both
¡Lárgate! / Go away!
Sal, vete / Get out of here
No hay soluciones a corto plazo / No short-term solutions exist
Te pusimos en apuros / We have you running
El sentido común no es tan común / Common sense is not so common
Mucho estrés / A lot of stress

Me gustaría poder dejar de fumar / I wish I could quit smoking
¿Qué pasa contigo? / What's happening with you?
¿Con quién estás saliendo ahora? / Who are you dating now?
Es muy agotador / It's too stressful
Eso fastidia, eso es aburrido / That sucks
¿Te desperté? / Did I wake you?
Ella apenas cumplió 4 años / She's just turned 4
¿Te queda otra? / Do you have another one left?
No te distraigas / Don't get distracted
No te me acerques / Stay away from me
Ella me tomó por sorpresa / She caught me off guard
Dale a ella mis saludos / Tell her I said hi
Está empezando de nuevo / It's starting over again
Deja cerrar las puertas, por favor / Let the doors close please
Prepárate para triunfar / Get prepared for success
¿Portas una pistola ilegalmente? / Got an illegal gun?
Yo creo en ti / I believe in you
Profesores con experiencia / Experienced teachers
Él está en buena forma / He is in good shape
No me eches la culpa / Don't blame me
Es tu culpa / It's your fault
Dale a él mi número de teléfono / Give him my number
La torre inclinada de Pisa / The leaning tower of Pisa
Hoy es otro día / Today is another day
¿Qué día es hoy? / What day is today?
Él está estresado / He is stressed out
Nosotros abriremos el negocio pronto / We'll be back on business soon
Nosotros hacemos lo que ellos digan / We do what they tell us.
No puedo soportarlo / I can't stand him
Yo tengo un sueño liviano / I am a light sleeper

Es bueno estar lleno / It's good to be full
De vez en cuando / Every once in a while
Todo lo que necesito es un poquito de suerte / All I need is a little bit of luck
Cuando Dios y la ley no cuadran / When God and law don't square
Olvidé el nombre de mi primer profesor / I forgot my teacher's first name
Complejo de culpa / Guilt complex
Alianza Nacional Popular / National People's Alliance
Expectativas de vida / Life expectancy
Llorando por la leche derramada / Crying over spilt milk
Deja tus precauciones a un lado / Leave your cares behind
Te perdí el respeto / I lost my respect for you
Él tiene autoridad moral para dirigir / He has the moral authority to lead
Deja volar tu imaginación / Let your imagination fly
Pasarse de la raya, sobrepasarse / Cross the line
Nada es para siempre / Nothing is forever
Todo tiene un final / Everything comes to an end
No te precipites / Don't jump the gun
Come para vivir, no vivas para comer / Eat to live not live to eat
Todos los caminos conducen a Roma / All roads lead to Rome
Si ves algo, di algo / If you see something say something
Un trato justo / A fair deal
Las recesiones van y vienen / Recessions come and recessions go
Pase por encima / Get over it
Vivir para contar / Live to tell
¿Me estás vigilando? / You checking on me?
Llamar al pan pan, y al vino vino / To call a spade a spade
Que Dios te bendiga / God bless you

Fresco como un cohombro / Cool as a cucumber
Te pateo / I kick you up
¡Cállate! / Shut up!
No pude llamarte / I couldn't call you
Te llevaré a tu casa en automóvil / I'll drive you home by car
Yo quise llamarte / I wanted to call you
¿Qué hay de nuevo? / What's new?
¿Cuál es la cuestión? ¿De qué se trata? / What is the matter?
Ese no es mi asunto / That's not my business
A mí no me importa / I don't care
¿A quién le importa? / Who cares?
Olvídate de eso / Forget about it
A menos que / Unless
Levanta las manos / Raise your hands
Nuestra libertad está muriendo / Our freedom is dying
Escríbeme unas palabras / Drop me a line
Las cosas se están poniendo interesantes / Things are getting interesting
La actividad física disipa la frustración / Physical activity dispels frustration
Fíjate metas realistas / Set realistic goals
Los cinco sentidos / The five senses
Tres días hábiles / Three business days
Asistente del asistente / Assistant to the assistant
¿Te puedo preguntar algo? / Can I ask you something?
Entre otros signos vitales / Among other vital signs
Él culpó a Peter de los problemas / He put the blame on Peter for troubles
Él estaba en medio de cinco mujeres / He was among five women
Debería tomarse en consideración / Should be taken into consideration
Estoy suplicándote que me escuches / I am begging you to listen

Hay un espía entre nosotros / There is a spy in our midst
Crimen de guante blanco / White-collar crime
Si es que tiene razón / If indeed he is right
Luce bien, no sintético / Look great not fake
De acá para allá / Going back and forth
Devuélvelo / Give it back
Que tenga una buena semana / Have a good week
Él era un guerrero / He was a warrior
Alguien nos compró / Somebody bought us over
Tú me enloqueces / You drive me crazy
Tú me enfermas / You make me sick
Eso espero / I hope so
¿Puedo hacerte una pregunta? / May I ask you a question?
No mezcles el dinero y los sentimientos / Don't mix money and emotions
El creacionismo es una teoría / Creationism is a theory
El Diseño Inteligente es una teoría / Intelligent Design is a theory
¿Puedes cambiarme este por dos billetes de diez? / Can you break this in two tens?
Convertidor de voltaje / Voltage converter
Eso no tiene sentido / That makes no sense
Primero lo pimero / First things first
Es muy amable de tu parte / It's kind of you
Pongan a un lado sus diferencias / Put your differences aside
Marcador final / Final score
Besarte toda, besarte todo / Kiss you all over
Para conservar el planeta, pon la basura en la caneca / Can it for a greener planet
Es demasiado tarde / It's too late
Más vale tarde que nunca / Better late than never
El maleante se escabulló / The criminal slipped away
Trato hecho / It's a done deal
Le falló la puntería / His aim was off target

¿Cuál es tu número actual de teléfono? / What's your current phone number?
Buen viaje / Travel well
Barriga de bebedor / Beer belly
Hace frío / It's cold
Hace calor / It's hot
En Tunja no cae nieve / In Tunja it doesn't snow
En Argentina hace calor en diciembre / In Argentina it's hot in December
El clima es muy variable / The weather is unsteady
El clima es bueno / The weather is good
El tiempo en La Habana es caluroso / The weather in Havana is warm
Derechos de autor / Copyright
Está lloviendo / It is raining
En abril llueve mucho en Nueva York / In April it rains a lot in New York
Este es un clima agradable / This climate is pleasant
Está lloviznando / It is drizzling
Subió la temperatura / The temperature went up
La temperatura bajó repentinamente / The temperature dropped suddenly
El beneficio de la duda / The benefit of the doubt
Hasta nueva orden / Until further notice
Amor no correspondido / Unrequited love
Ella tiene una lengua viperina / She has a poisonous tongue
Paz y tranquilidad / Peace and quiet
Prensa amarilla / Gutter press
Él está mal del coco / He's off his head
Tim Berners Lee inventó la red informática / Tim Berners Lee invented the web
Es importante creer en ti mismo / It's important to believe in yourself
Hasta ahora / Up to now

Alma máter / Alma mater
Currículum vítae / Curriculum vitae
Per cápita / Per capita
Aquí raras veces llueve / It seldom rains here
Un don para los idiomas / A flair for languages
Radio portátil / Walkie-talkie
Llamada itinerante / Roaming call

## Palabras inglesas / English Words

Hay palabras de uso frecuente, tales como algunos prefijos y las notas musicales, que tienen el mismo significado y se deletrean de la misma manera en ambos idiomas, exceptuando las tildes:

ABDOMEN – ABDOMINAL – ABOMINABLE – ACCIDENTAL – ACNÉ – ACRE – ACTOR – ADOBE – ADORABLE – AEROBIC – AEROSOL – ÁFRICA – AGENDA – ÁLBUM – ALCOHOL – ALFALFA – ÁLGEBRA – ALIAS – ALPACA – ALTAR – AMÉN – AMÉRICA – AMNESIA – ANAL – ANEMIA –ÁNGEL – ANGINA– ANGULAR – ANIMAL – ANTE – ANTI – ANTISOCIAL – AORTA – ARABLE – ARDOR – ÁREA – ARENA – ARIA – ARIES – ARMADA – ARTIFICIAL – ASCENSIÓN – ASEXUAL – ASIA – ASTRAL – ATLAS – AURA – AUTO – AVERSIÓN

BACTERIA – BÁDMINTON – BALANCE – BALSA – BANANA – BAR – BARMAN– BARÓN – BASE – BASÍLICA – BENEFACTOR – BESTIAL – BETA – BI – BIBLIOMANÍA – BICAMERAL – BÍCEPS – BIKINI – BINGO – BISEXUAL – BOA – BONANZA – BOUTIQUE – BRUTAL – BULIMIA – BUS

CABARET – CABLE – CACTUS – CADÁVER – CAFETERÍA – CANAL – CÁNCER – CANDOR – CANTÓN – CAPITAL – CARNAL – CARTEL – CASINO – CAVIAR – CELESTIAL – CELSIUS – CENTRAL – CEREAL – CHOCOLATE – CIVIL – CLÍMAX – CLÍTORIS – CLUB – COLONIAL – COLOR – COMA – CONCLUSIÓN – CÓNDOR – CONDUCTOR – CÓNSUL – CONTINENTAL – CONTRA – CONTROL – CONTUSIÓN – CONVERTIBLE – CONVOY – CONVULSIÓN – CORAL – CORDIAL – CÓRNEA – COSMOS – COYOTE – CRÁTER – CREPE – CRIMINAL – CRISIS – CRUEL – CULTURAL – CURABLE – CURARE – CURIE – CURRÍCULUM

DEBATE – DECISIÓN – DECIBEL – DECIMAL – DETECTIVE – DETECTOR – DETRACTOR – DIABETES – DIAGONAL – DICTATORIAL – DIGESTIÓN – DIGITAL – DIPLOMA – DIRECTOR – DIVA – DIVISIÓN – DO – DOCTOR – DOMINÓ – DRAGÓN – DRAMA – DÚO

ECLIPSE – EDITOR – EDITORIAL – ELECTOR – ELECTORAL – ELECTRÓN – ELEMENTAL – ELITE – ENIGMA – EPI – ERA – EROSIÓN – ERROR – ESCAPE – ESPECIAL – ESPERANTO – EURO – EVASIÓN – EVENTUAL – EXECRABLE – EXÉGESIS – EXPLOSIÓN – EXTERIOR – EXTRA

FA – FACIAL – FACTOR – FAMILIAR – FATAL – FAVOR – FAX – FERVOR – FESTIVAL – FEUDAL – FILM – FINAL – FOLKLORE – FORMAL – FÓRMULA – FRATERNAL – FRUGAL – FUNDAMENTAL – FUNERAL

GAS – GAUCHO – GENE – GÉNESIS – GENERAL – GESTAPO – GIGOLÓ – GLACIAL – GLANDULAR – GLAUCOMA – GLOBAL – GOLF – GÓNDOLA – GRADUAL – GRAVE – GUANO – GUARANÍ – GUARDIÁN – GURÚ

HALO – HERNIA – HERPES – HETEROSEXUAL – HOMOSEXUAL – HONOR – HORIZONTAL – HORRIBLE – HORROR – HOSPITAL – HOTEL – HUMOR

IDEA – IMPERMEABLE – INDISPENSABLE – INFERIOR – INTERIOR – INTERNET – ION – IRREFUTABLE – IRREPARABLE – IRRESISTIBLE – INTEGRAL – INTESTINAL – IRREVOCABLE

JACUZZI – JADE – JAGUAR – JAZZ – JERSEY – JOGGING – JOVIAL – JUDICIAL – JUDO – JUMBO – JUNIOR – JUNTA – JÚPITER

KARATE – KAYAK – KEROSENE – KETCHUP – KILO – KIMONO – KINDERGARTEN – KIWI

LA – LABRADOR – LARVA – LÁSER – LATÍN – LAUREL – LAVA – LEGAL – LEGIBLE – LEGIÓN – LESIÓN – LIANA – LIBERAL – LIBIDO – LIBRA – LIMBO – LLAMA – LOCAL – LOGO – LUMBAGO

MATADOR – MATERIAL – MAFIA – MALARIA – MANGO – MANÍA – MARIHUANA – MATE – MEDIA – METAL – METRO – MI – MINERAL – MORAL – MORTAL – MOSQUITO – MOTEL – MOTOR – MÚLTIPLE

NASAL – NATAL – NATURAL – NÁUSEA – NAVAL – NAZI – NÉCTAR – NEURALGIA – NEUROSIS – NEUTRAL – NEUTRÓN – NO – NOBLE – NOMINAL – NORMAL – NOSTALGIA – NUCLEAR – NUMERAL

OASIS – OBSERVABLE – OCCIPITAL – OCEANÍA – OMEGA – ÓPERA – OPINIÓN – OPUS – ORAL – ORANGUTÁN – ORATORIO – ORBITAL – ORDINAL – ORÉGANO – ORGANZA – ORIENTAL – ORIGINAL – OSTEOPOROSIS – OVAL

PAELLA – PAMPA – PANACEA – PANDA – PÁNCREAS – PANDEMONIUM – PANDORA – PANEL – PANORAMA – PAPA – PAPAL – PAPAYA – PAPARAZZI – PARA – PARÁBOLA – PARIETAL – PARTICULAR – PASTA – PASTOR – PECULIAR – PEDAL – PEDESTAL – PELVIS – PENAL – PENÍNSULA – PENTAGONAL – PERFUME – PÉRGOLA – PERMEABLE – PERPENDICULAR – PERSUASIÓN – PIANO – PISTÓN – PIXEL – PIZZA – PLACER – PLAN – PLAZA – PLURAL – POLAR – POLIO – POPULAR – POSTERIOR – PRE – PRINCIPAL – PRO – PROBABLE – PROCÓNSUL – PROPAGANDA – PROPULSIÓN – PROTO – PROTÓN – PROVISIONAL – PSEUDO – PUBIS – PUEBLO – PUMA – PUS

QUÍNTUPLE – QUÓRUM

RADICAL – RADIO – RACIAL – RE – RECITAL – RÉCORD – REFERÉNDUM – REFLECTOR – REAL – RÉGIMEN – REGIÓN – RELIGIÓN – REGULAR – RENAL – RÉPLICA – RÉQUIEM – RESISTIBLE – RETINA – REUNIÓN – REVISIÓN – REVÓLVER – RIFLE – RITUAL – RECTOR – ROBOT – RODEO – ROMANCE – ROTOR–RUMOR–RURAL–RIVAL

SACRISTÁN – SALINA – SALIVA – SALMÓN – SALÓN – SAMBA – SÁNDWICH – SIMPLE – SECULAR – SEMEN – SEMI – SEMICONDUCTOR – SENSUAL – SENTIMENTAL – SERIAL – SEXUAL – SI – SIMILAR – SINGLE – SINGULAR – SOCIAL – SODA – SOL – SOLO – SOPRANO – SUBLIME – SUBNORMAL – SÚPER – SUPERVISOR – SUPERIOR – SUPERFICIAL

TACO – TAMPÓN – TÁNDEM – TANGIBLE – TANGO – TELEVISIÓN – TÉLEX – TENDÓN – TENOR – TENSIÓN – TERRIBLE – TERRITORIAL – TEXTUAL – TIBIA – TORNADO – TORPEDO – TORSO – TOTAL – TÓTEM – TRANS – TRAUMA – TRIBUNAL – TRÍO – TRIPLE – TRIVIAL – TROPICAL – TUBERCULOSIS – TUMOR – TUTOR – TAXI

ULTERIOR – ULTIMÁTUM – ULTRA – UMBILICAL – UNILATERAL – UNIÓN – UNISEX – UNIVERSAL – USUAL – UTOPÍA

VAGINA – VALSE – VÁLVULA – VAPOR – VARIABLE – VECTOR – VEDA – VELAR – VENA – VENAL – VENERABLE – VENIAL – VENUS – VERBAL – VERSIÓN – VERSUS – VÉRTEBRA – VERTEBRAL – VERTICAL – VÉRTIGO – VESÍCULA – VIDEO – VIGESIMAL – VIGOR – VILLA – VIOLA – VIOLÍN – VIRGINAL – VIRGO – VIRTUAL – VIRUS – VISA – VISIBLE – VISIÓN – VISTA – VISUAL – VITAL – VOCAL – VULGAR – VULNERABLE – VULVA

WALKMAN – WATERPOLO – WHISKY

# ÍNDICE

Introducción / Introduction — 5

Alfabeto / Alphabet — 14

Signos de puntuación / Marks of Punctuation — 14

Parientes y parentescos / Relatives and Relationships — 15

Saludos y presentaciones / Salutations and Greetings — 17

Oficina postal / Post Office — 18

Agencia de viajes / Travel Agency — 19

Salón de belleza / Beauty Salon — 19

Comida rápida / Fast Food — 20

El metro, el bus / The Subway, The Bus — 21

Internet — 22

Banco y finanzas / Bank and Finances — 24

| | |
|---|---|
| El supermercado / The Supermarket | 26 |
| La biblioteca / The Library | 26 |
| El vecindario / The Neighborhood | 27 |
| Clima, tiempo / Weather, Climate | 27 |
| El tiempo / The Time | 28 |
| La hora / Time | 29 |
| La calle / The Street | 30 |
| El trabajo / Work | 31 |
| Centro de salud / Health Center | 33 |
| Diversión y entretenimiento / Fun and Entertainment | 34 |
| El aeropuerto / The Airport | 34 |
| El hotel / The Hotel | 35 |
| Los días de la semana / Days of the Week | 36 |
| Los meses del año / Months of the Year | 36 |
| Las estaciones / The Seasons | 37 |
| Verbos importantísimos / Very Important Verbs | 37 |
|    To be / estar, ser | 37 |
|    To come / venir | 38 |

To do / hacer 38

To get / conseguir 38

To go / ir 39

To give / dar 39

To have / haber, tener 39

To keep / mantener 40

To let / dejar 40

To like / querer 40

To love / amar 41

To make / hacer 41

To put / poner 41

To say / decir 42

To see / ver 42

To seem / parecer 42

To send / enviar 43

To take / tomar 43

To want / querer, desear 43

To work / trabajar 44

**Verbos / verbs** **44**

**Modo Imperativo / Imperative Mode** **45**

**Pronombres personales en función de sujeto** **45**

| | |
|---|---|
| Pronombres personales en función de objeto | 46 |
| Pronombres posesivos en función adyacente (como adjetivo calificativo) | 46 |
| Pronombres posesivos en función predicativa | 47 |
| Los artículos / The Articles | 47 |
| Here, There / aquí, allá | 48 |
| Determinantes demostrativos / Demonstrative Determiners | 48 |
| Plural | 49 |
| Self, Selves | 50 |
| Cada uno, cada una / Each Other | 50 |
| Verbos auxiliares / Auxiliary Verbs | 50 |
| -ing | 54 |
| Un-, in-, im- | 54 |
| -ed | 55 |
| -ly | 55 |
| -er, -or | 56 |
| Comparativos / Comparatives | 56 |

| | |
|---|---|
| Superlativos / Superlatives | 57 |
| It | 58 |
| Any | 59 |
| Some | 59 |
| Pertenencias, propiedades / Belongings, Possessions | 59 |
| Yes, If, Whether / Sí, si | 60 |
| Already, Yet / Ya, aún, todavía | 60 |
| Still / Todavía, aún, quieto, tranquilo | 61 |
| Till, Until / Hasta, hasta que | 61 |
| Los colores / The Colors | 62 |
| Puntos cardinales / Cardinal Points | 62 |
| How | 63 |
| What | 63 |
| When | 64 |
| Where | 64 |
| Which | 64 |
| Who | 65 |

| | |
|---|---|
| Whom | 65 |
| Whose | 65 |
| Why, Because | 66 |
| Preposiciones / Prepositions | 66 |
| There is / Hay | 72 |
| There are / Hay | 72 |
| There is not / No hay | 72 |
| There is no / No hay | 73 |
| There are no / No hay | 73 |
| Is there? / ¿Hay? | 73 |
| Are there? / ¿Hay? | 73 |
| Is there no? / ¿No hay? | 74 |
| Are there no? / ¿No hay? | 74 |
| There was / Había, hubo | 74 |
| There were / Había, hubo | 74 |
| There was no / No había, no hubo | 74 |
| There was not / No hubo, no había | 75 |

| | |
|---|---|
| There were no / No hubo, no había | 75 |
| Was there? / ¿Hubo? ¿Había? | 75 |
| Were there? / ¿Hubo? ¿Había? | 75 |
| Was there no? / ¿No hubo? ¿No había? | 76 |
| Were there no? / ¿No hubo? ¿No había? | 76 |
| There will be / Habrá | 76 |
| There will not be / No habrá | 76 |
| Will there be? / ¿Habrá? | 77 |
| Will there not be? / ¿No habrá? | 77 |
| Than | 77 |
| To the, at the, of the / Al, del | 77 |
| Uso de las contracciones inglesas / Use of English Contractions | 78 |
| Números cardinales / Cardinal Numbers | 79 |
| Números ordinales / Ordinal Numbers | 80 |
| Verbos terminados en -ar / Verbs Ending in -ar | 80 |
| Verbos terminados en -er / Verbs Ending in -er | 94 |
| Verbos terminados en -ir / Verbs Ending in -ir | 99 |

| | |
|---|---:|
| Formas negativas / Negative Forms | 105 |
| Formas afirmativas / Affirmative Forms | 106 |
| Opuestos / Opposites | 106 |
| Vocabulario / Vocabulary | 107 |
| Modismos, expresiones / Idioms, Expressions | 138 |
| Palabras inglesas / English Words | 159 |

# Editorial LibrosEnRed

LibrosEnRed es la Editorial Digital más completa en idioma español. Desde junio de 2000 trabajamos en la edición y venta de libros digitales e impresos bajo demanda.

Nuestra misión es facilitar a todos los autores la edición de sus obras y ofrecer a los lectores acceso rápido y económico a libros de todo tipo.

Editamos novelas, cuentos, poesías, tesis, investigaciones, manuales, monografías y toda variedad de contenidos. Brindamos la posibilidad de comercializar las obras desde Internet para millones de potenciales lectores. De este modo, intentamos fortalecer la difusión de los autores que escriben en español.

Ingrese a www.librosenred.com y conozca nuestro catálogo, compuesto por cientos de títulos clásicos y de autores contemporáneos.

www.ingramcontent.com/pod-product-compliance
Lightning Source LLC
Chambersburg PA
CBHW021811220426
43662CB00006B/269